Peter Jungwirth

Tschüss, Frau Doktor

„Leipziger Allerlei“ Geschichten

NOEL-Verlag

Originalausgabe
März 2018

NOEL-Verlag GmbH
Achstraße 28
D-82386 Oberhausen/Obb.

www.noel-verlag.de
info@noel-verlag.de

Die Deutsche Bibliothek verzeichnet diese Publikation in der Deutschen Nationalbibliografie, Frankfurt; ebenso in der Bayerischen Staatsbibliothek in München.

Autor: Peter Jungwirth
Covergestaltung: NOEL-Verlag

1. Auflage
Printed in Germany
ISBN 978-3-95493-282-5

Inhaltsverzeichnis

Fox von Schreckenstein

Es war ein wunderschöner Tag im Mai. Die Obstbäume im Elbtal standen in voller Blüte und versprachen eine reichliche Ernte des berühmten Elbe-Obstes. Es war die Zeit zwischen den beiden schrecklichen Weltkriegen. Die Wunden des ersten waren fast verheilt, die Inflation gut überwunden, und das nächste Unheil, das über die ganze Welt kommen sollte, ahnte noch niemand, das *1000-jährige Reich* war noch Jahre entfernt.
Das kleine Städtchen Schreckenstein am rechten Elbufer war etwas verschlafen, kaum beachtet und erwähnenswert, wenn es nicht die gleichnamige Burg hoch über dem Elbetal gäbe.

Im Jahr 1319 ließ König Johann von Luxemburg die Burg auf einem schroffen Felsen, hundert Meter über dem Städtchen erbauen. In späteren Jahrhunderten brachte die *Burg Schreckenstein* ihren Besitzern große Reichtümer, denn sie beherrschten mit der strategisch hervorragenden Lage das mittlere Elbtal mit einer wichtigen Handelsstraße. Handelsreisende, die die Straße benutzten und einen mühsamen Umweg scheuten, mussten, manches Mal *mit Nachdruck*, den geforderten Zoll zahlen.
Später, als die Burg ihre Bedeutung verloren hatte, nicht mehr bewohnt war, und langsam zerfiel, wäre sie in Vergessenheit geraten, wenn es nicht drei bedeutende Ereignisse gegeben hätte, die auf immer mit dem Namen der Burg verbunden bleiben.
Der berühmte Komponist Richard Wagner wohnte 1841 einige Tage in dem kleinen Örtchen und die wild-romantische Burg war Vorlage einer seiner bekanntesten Werke, die Oper *Tannhäuser*.
Fast zur gleichen Zeit weilte auch der in Dresden lebende Maler Ludwig Adrian Richter in der Kreisstadt Aussig, nur wenige Kilometer elbabwärts von Schreckenstein.

Dort schuf der Künstler eines seiner bekanntesten und berühmtesten Werke, *Die Überfahrt über die Elbe am Schreckenstein.*

1922 begann der Bau einer riesigen Staustufe genau an der Stelle, an der Richters kleiner Kahn die Elbe überquerte und wurde im Jahr, in dem diese Geschichte spielt, fertiggestellt. Die Staustufe war notwendig geworden einerseits um die Hochwassergefahr für abwärts gelegene Städte, wie Aussig, Decín, Pirna und Dresden zu mindern, andererseits die Elbe auch für größere Schiffe schiffbar zu machen. Bei ihrer Einweihung erhielt sie natürlich den Namen *Staustufe Schreckenstein.*

Die Bewohner des kleinen Städtchens leben überwiegend von der Landwirtschaft und dem Obst- und Gemüseanbau. Einige pendeln täglich in die Kreisstadt, um dort bei größeren Betrieben den Lebensunterhalt zu verdienen.

In einem kleinen Häuschen mit einem kleinen Gemüsegarten lebt die Familie Schmidt. Der Vater Josef arbeitet in der nahe gelegenen Zuckerraffinerie als Lagerleiter. Die Mutter Marie versorgt den Haushalt, hält den Gemüse- und Ziergarten in Schuss und kümmert sich um zahlloses Federvieh, Hasen und drei Ziegen.
Zur Familie gehört die Tochter Maria Josefa, gerufen *Mietzi*, Anfang zwanzig. Zwei Brüder von ihr sind schon außer Haus; Pepi arbeitet in Kiel für die bekannte Schuhfabrik Batja und der jüngere Bruder Walter für die gleiche Firma in Teplice. Mietzi hatte die höhere Handelsschule abgeschlossen und arbeitet jetzt für die *Elbe-Dampf-Schifffahrts-Gesellschaft.*
Im Haushalt lebt noch ein Hund, genauer gesagt ein Foxterrier. Den hatte Walter als Welpen geschenkt bekommen, konnte ihn aber beruflich bedingt nicht halten und hatte ihn deshalb zu seinen Eltern gebracht. Obwohl er reinrassig schien, fehlten ihm doch der Stammbaum und

ein adeliger Name. Kurz entschlossen verpasste Mietzi ihm einen, *Fox von Schreckenstein* und wurde ab sofort kurz und bündig *Foxi* gerufen. Foxi ist ein rassereiner, ein echter Terrier; er geht keinem Streit aus dem Weg, jagt allerlei Getier, fängt Mäuse und legt sie vor die Haustür als *Geschenk* an Marie und Josef.

Einmal hat er sogar einen Igel in blutiger Schnauze mitgebracht. Wichtig ist jedoch: Er ist äußerst wachsam. Mit seinem Gebell schreckt er jeden möglichen Einbrecher, auch in der näheren Umgebung ab.
Mietzi hat natürlich auch einen Freund, Wendelin mit Namen, aber liebevoll von allen mit Wend angesprochen. Wend war als Kassierer bei der Dresdner Bank in der Kreisstadt Aussig beschäftigt. Die zwei jungen Leute treffen sich zweimal in der Woche. Meistens am Mittwoch in Aussig, dort hat Wend eine kleine Wohnung, und sie gehen entweder ins Kino oder nach einem Spaziergang an der Elbe ins Café Falk, einem Ausflugscafé auf der Ferdinandshöhe.

Am Wochenende, samstags oder sonntags, ist Wend meistens bei Mietzis Eltern zum Mittagessen oder Kaffeetrinken eingeladen. So auch an diesem Samstag, und wie schon eingangs erwähnt, an einem wunderschönen Tag im Mai. Mietzi und Wend hatten mittags ihre Arbeit beendet, sich schnell von den Kollegen verabschiedet und waren ins Wochenende gegangen.
Sie trafen sich bei Schmidts in Schreckenstein, wo die Mutter im Garten schon den Kaffeetisch gedeckt hatte. Als Wend im Haus Mietzis Eltern begrüßte, kam ihm ein herrlicher Duft von frischem Kleckselkuchen, Buchteln und Vanillesoße entgegen. Wend, noch Junggeselle – er hatte noch nicht um die Hand seiner Auserwählten angehalten –, war nicht an regelmäßige Mahlzeiten gewöhnt.

In Erwartung seines Lieblingskuchens und der Kaffeetafel lief ihm deshalb das Wasser im Mund zusammen.
Bevor er sich jedoch an den Tisch setzen konnte, rief Mietzi ihrer Mutter zu: „Wir gehen vorher noch ein Stündchen spazieren und nehmen Foxi mit."
Sie nahm Wend bei der Hand, zog ihn schnell aus dem Garten und pfiff nach dem Hund.
Marie rief den Verliebten nach: „Aber, dass aus dem Stündchen nicht zwei, drei Stunden werden", und ging lachend ins Haus zurück.

Foxi hatte natürlich den Pfiff gehört und stürzte den beiden voller Freude nach; war doch ein Spaziergang mit ihnen eine willkommene Abwechslung für ihn. Jetzt konnte er wieder einmal seinen eigenen Wegen und den vielen wohlduftenden Gerüchen nachgehen. Er entfernte sich aber nie zu weit und hatte immer Blickkontakt zu Mietzi und Wend.
Zuerst gingen sie den Weg rechts der Elbe einige Hundert Meter entlang, dann nahmen sie den Fußweg über die Sehenswürdigkeit der ganzen Gegend, der gerade eingeweihten Staustufe Schreckenstein.
Sie ist ein mächtiges Bauwerk, nicht gerade passend in der Landschaft, jedoch wichtig für die aufstrebende Wirtschaft und dem Hochwasserschutz. Sie hat zwei Schleusenkammern für die größten Passagierschiffe und die längsten Frachtkähne, eine kleine Kammer für die Sportboote und ein Wasserkraftwerk, das die ganze Umgebung mit Strom versorgt. Oberhalb der Staustufe wird die Elbe zu einem über zehn Kilometer langen See aufgestaut, unterhalb liegt der Wasserspiegel fast zehn Meter unter dem Oberen.
Vorsichtig gingen sie über den schmalen Steg hoch über den Kammern, deren unteren Tore gerade geöffnet waren und blickten über das Geländer des Stegs in die Tiefe; ganz geheuer war ihnen dabei nicht zumute. Wend hatte Foxi kurz entschlossen angeleint und auf den Arm genommen,

denn der metallene Gitterrost des Stegs war nicht gerade für die kleinen Pfoten geeignet.
Schnell gelangten sie auf die andere Elbeseite und Foxi konnte wieder frei laufen. Der Weg führte sie elbabwärts auf einem schmalen Pfad auf der Krone eines Deiches, der die dahinterliegenden kleinen Häuser, mit den eingezäunten Gärten vom Hochwasser schützen sollte. Hinter den Häusern verliefen die Autostraße und der Damm für die Eisenbahn.
In den Gärten nutzten die Bewohner den wunderschönen Tag und arbeiteten in den Gemüse- und Blumengärten. An manchen Häusern wurde der Frühjahrsputz gemacht, es wurde gehämmert und gesägt, die Fassade gestrichen, und dazwischen gackerte allerlei Federvieh.
Mietzi und Wend hatten jetzt füreinander Zeit. Eng aneinandergedrückt, Hände umschlungen schlenderten sie den Weg entlang. Ab und zu blieben sie stehen, küssten sich lange und gingen gedankenversunken weiter. Sie hatten ihre Umgebung fast vergessen und machten Pläne für die Zukunft.
Foxi genoss seine Freiheit, lief 20, 30 Meter vor den beiden, schnupperte mal links, mal rechts, markierte ab und zu seinen Weg und *las die Hundezeitung*. Plötzlich, ca. 50 Meter vor der Gruppe, watschelte eine Entenfamilie über den Deich. Die Entenmutter kam aus einem geöffneten Gartentörchen und wollte ihre 8 oder 9 Küken zum ersten Mal zum Schwimmen in die Elbe führen. Bevor Wend und Mietzi die Situation richtig erfassen konnten, stürzte Foxi zwischen die Entenfamilie und biss wie verrückt in den Pulk der Küken. Entenmutter und der Rest der Familie flüchteten laut schnatternd in die Elbe, zurück blieben 4 oder 5 totgebissene Küken.
Wend lief zum Tatort, rief Foxi zu sich und nahm ihn an die Leine. Schon kam aus dem Garten und dem offenstehenden Tor eine etwas dickliche Frau und keuchte die Böschung zur Deichkrone hinauf.

Als sie die toten Entchen auf dem Boden liegen sah, schlug sie ihre Hände über den Kopf zusammen, schrie und jammerte: „Welches Unglück, welcher Schaden.

Die wunderschönen Zuchtküken, nicht zu ersetzen und nicht zu bezahlen!“ Sie sollte vielleicht doch die Polizei holen!? Die Situation war für Wend äußerst peinlich, er fühlte sich schuldig, da der Hund nicht angeleint war, Mietzi ganz erschrocken neben ihm stand, und vom Geschrei der Frau eingeschüchtert. Dazu waren schon einige Nachbarn, die in ihren Gärten arbeiteten, von dem Lärm aufmerksam geworden und schauten neugierig über die Zäune dem Geschehen zu.

Um sich schnell aus dieser peinlichen Situation zu retten, sagte Wend, er wolle für den Schaden aufkommen, die toten Entchen bezahlen und fragte, wie viel sie kosten würden? Spontan nannte die Dicke einen Betrag.
„Für alle?“, fragte Wend erschrocken.
„Nein, für jedes!“, war die Antwort.
Wend, von der Forderung, schockiert, zückte also schnell seine Brieftasche und drückte der Frau einige Geldscheine in die ihm schon gierig entgegengestreckte offene Hand. Ruckzuck war das Geld in der Schürze verschwunden, die toten Entchen aufgehoben und ebenfalls in der Schürze verstaut. Erstaunlich schnell stolperte dann die Dicke den Deich hinunter und verschwand wieder in ihrem Garten. Die romantische Stimmung der beiden Verliebten war verschwunden. Schweigsam traten sie den Rückweg an. Mit schnellen Schritten zerrte Wend Foxi hinter sich her, der offensichtlich ein schlechtes Gewissen hatte. Mietzi konnte den beiden kaum folgen. Schnell war man den Weg zurück und über die Staustufe gelaufen und zu Hause bei den Schmidts angelangt, wo sie schon erwartet wurden. Marie trug den herrlich duftenden Kaffee auf und lud zum Kuchenessen ein. Wend, der vorher einen Heißhunger auf seinen geliebten Kleckselkuchen hatte, kaute jetzt herum, als wäre es ein acht Tage altes Stück Brot. Mietzi hatte auch keinen Appetit mehr, beide waren einsilbig und beteiligten sich kaum am Gespräch der Eltern. Marie betrachtete

heimlich die beiden und war der Meinung, sie hätten sich wohl unterwegs gestritten und sagten deshalb jetzt kaum ein Wort. Foxi war außer Reichweite und hatte sich irgendwohin zurückgezogen.
Mietzi half ihrer Mutter beim Abräumen der Kaffeetafel, und Josef Schmidt holte aus dem Keller eine Flasche Wein und goss vier Gläser ein. Nach dem ersten Schluck konnte Marie ihre Neugier nicht mehr zurückhalten und fragte die beiden, was denn los sei, sie würden ja kein Wort reden und warum und über was sie gestritten hätten? Jetzt mussten sie Farbe bekennen. Zuerst zögernd und stotternd erzählten sie ihr Erlebnis und die Geschichte von den toten Entchen.

„Wie viel hast Du für die vier toten Küken bezahlt“, fragte Marie ungläubig. Als Wend kleinlaut den bezahlten Betrag wiederholte, da lachte sie lauthals, schlug sich auf die Schenkel und bog sich vor Lachen.
„Für dieses Geld hättest Du auf dem Markt fünf ausgewachsene Mastgänse bekommen!“
Vater Josef fiel in das Lachen ein und meinte, die Frau hätte wohl darauf gewartet, jemandem die jungen Entchen zu verkaufen.
„Und, wo sind die toten Küken“, fragte Marie.
„Die hat die Frau auch mitgenommen“, flüsterte Wend beschämt.
Jetzt lachten alle lauthals, schrien durcheinander und jeder gab seinen Kommentar zu dieser Geschichte ab. Die Stimmung war gerettet und Josef musste eine zweite Flasche aus dem Keller holen. Foxi tauchte auch wieder auf und legte sich unter dem Tisch zur Familie; eine Bestrafung hatte er ja jetzt nicht mehr zu befürchten.
Übrigens: Einige Jahre später wurden Mietzi und Wend meine Eltern!

Tetzel der Fleischerhund

Es war im Sommer 1947. Wir waren aus dem Sudetenland ausgewiesen worden und landeten in der damaligen amerikanischen Zone, in Starnberg am See in Oberbayern. Meine Eltern waren durch die Kriegswirren und dem danach im Osten herrschenden Chaos getrennt worden. Meine Mutter war Alleinerziehende von meinem vier Jahre älteren Bruder und von mir; ich kam gerade in die vierte Klasse. Zur kleinen Flüchtlingsfamilie gehörte noch meine Großmutter, die tagsüber die Erziehung von uns Jungen übernehmen musste, da meine Mutter für unseren kargen Lebensunterhalt arbeiten ging.
Später kam noch ein Onkel dazu, der in Nordafrika, aus französischer Gefangenschaft entlassen wurde. Onkel Walter erwähne ich besonders in dieser Geschichte, da er Tetzel seinen Beinamen gegeben hatte.
Wir wohnten ca. eine Viertelstunde außerhalb von Starnberg, in einem nach heutigen Maßstäben primitiven Häuschen, direkt an der Bahnlinie München – Garmisch, die schon damals sehr stark befahren war und nur wenige Meter vom See entfernt. Hier wohnten wir in zwei Zimmern. Eines diente meinem Bruder, meiner Mutter und mir als Schlafzimmer, im anderen spielte sich das Tagesgeschehen ab, es war eine winzige Wohnküche und gleichzeitig Schlafstätte meiner Großmutter.

Davor gab es einen weiteren kleinen Raum, der als Abstellkammer genutzt wurde, ein Miniwaschbecken für die tägliche Katzenwäsche und eine Toilette für die *kleinen* Geschäfte. Die *Großen* wurden außerhalb des Hauses, in einem wackeligen Holzhäuschen mit Herzchen als Guckloch, mitten im großen Gemüsegarten verrichtet. Meine Mutter ermahnte mich täglich ja keinen Blödsinn in diesem Häuschen zu machen; sie hatte nämlich Angst, ich könnte dabei in die Grube fallen.

Vor dem Eingang des Wohnhauses war ein überdachter und nach vorne hin offener Anbau aus Holz. Das war das Reich, in dem mein Bruder und ich eine herrliche Jugendzeit verbrachten, trotz der schlechten Jahre nach dem Krieg und vor der Währungsreform.
Die Gegend, in der wir wohnten, war ziemlich einsam, und unser Wohnhaus war von der Straße zurückgesetzt und kaum einsehbar. Meine Mutter ging morgens im Dunkeln zur Arbeit und kam abends im Dunkeln zurück. In diesen ersten Jahren nach dem Krieg gab es natürlich auch viele gruseligen Geschichten, von Einbrechern, Dieben und Schlimmerem. Polizei gab es noch nicht, die meisten erwachsenen Männer waren im Krieg geblieben oder noch in Gefangenschaft. Die Ordnung aufrechterhalten und überwachen sollte eigentlich die Besatzungsmacht, die Amerikaner. Die nahmen ihre Aufgabe jedoch mehr als lässig. Sie hatten ihre Arbeit im Krieg getan und genossen jetzt ihre Zeit als Besatzungsmacht.

Selten sah man einen Jeep mit dunkelhäutigen, zum Teil über zwei Meter großen Militärpolizisten, die mehr nach undisziplinierten eigenen Soldaten Ausschau hielten, als nach Einbrechern. Die meisten Soldaten sah man in Starnberg, wie sie mit jungen deutschen Mädchen auf der Strandpromenade spazieren gingen. Im Dunkeln beobachteten meine Freunde und ich so manches andere und noch mehr.

Kurz und gut, meine Mutter hatte große Angst, dass uns etwas zustoßen könnte. Meine Großmutter war schon fast 70 und mein Bruder und ich, wir benahmen uns zwar oft wie Erwachsene, waren es aber noch lange nicht, als dass wir den Schutz der Familie und unserer bescheidenen Habe hätten übernehmen können.
Ich wurde zwar jeden Abend vor dem Schlafengehen von meiner Mutter ermahnt – am Morgen, wenn ich aufwach-

te, war sie schon weg zur Arbeit –, ich sollte ja brav sein, der Oma immer gehorchen, regelmäßig zur Schule gehen, meine Schulaufgaben ordentlich machen und auf alles aufpassen. Dass diese mahnenden Worte bei mir am nächsten Tag nicht noch im Gedächtnis waren, können Sie sich sicherlich vorstellen; noch dazu bei einem zehnjährigen Jungen, der gerade dabei war, die Welt zu entdecken.
In ihrer Angst und Sorge um die Familie und wie sie ihre Lieben schützen könnte, kam meine Mutter auf eine glorreiche Idee: Ein Wachhund muss her! Die Bedingungen, die meine Mutter an diesen Hund stellte, waren sehr einfach. Rassehund oder Mischling spielte keine Rolle, ebenso nicht Rüde oder Hündin, mit oder ohne Stammbaum, groß oder klein, glattes, kurzes oder langhaariges Fell. Einzige Bedingung war: Es musste ein sehr wachsamer Hund sein!

Meine Mutter hatte natürlich an ihrer Arbeitsstelle von ihren Ängsten und dem Wunsch nach einem Wachhund erzählt und sie bat ihre Kollegen, ihr bei der Suche nach einem geeigneten Hund zu helfen. Eines Tages berichtete ihr ein Kollege, dass ein Bauer in Diemendorf eine äußerst wachsame Hündin hätte, die vor wenigen Wochen geworfen hatte und der Bauer wollte jetzt die Welpen abgeben. Da es damals noch wenig Telefonverbindungen gab, entschloss sich meine Mutter am darauffolgenden Sonntag nach Diemendorf zu fahren und ließ sich dafür die Anschrift des Bauern geben. Diemendorf war ein kleines Dorf, ca. 20 Kilometer südlich von Starnberg, zwischen Tutzing und Weilheim. Heute ein Katzensprung und vielleicht 20 Minuten mit dem Auto. Damals gab es aber kein Auto, öffentliche Verkehrsmittel außer der Bahn kaum, Busse fuhren unregelmäßig.
Kurz und gut: Die Fahrt war ein Abenteuer und eine Tagestour. Mein Bruder durfte mit; ich blieb gerne zu Hause, denn ich hatte etwas Besseres vor, als den ganzen Tag unterwegs zu sein, nur um einen jungen Hund anzusehen.

Dass meine Mutter vielleicht mit einem zurückkommen könnte, kam mir überhaupt nicht in den Sinn.

Es war inzwischen Sonntagabend und langsam dunkel geworden. Ich war zufällig schon im Haus und überlegte, ob ich noch meine Hausaufgaben für den nächsten Tag machen oder sie wieder einmal vergessen sollte. Ich entschloss mich für den einfacheren Weg und ärgerte lieber eine der beiden Katzen, die wir auch wegen der vielen Mäuse hielten.
Plötzlich hörte ich Stimmen vor dem Haus, die Tür wurde aufgesperrt, meine Mutter und hinter ihr mein Bruder kamen in die Wohnküche. Meine Mutter trug eine alte Einkaufstasche – damals gab es nur alte Sachen –, auf der einen Seite schaute ein kleines Köpfchen mit zwei Knopfaugen heraus und am anderen Ende ein lustiges, buschiges Ringelschwänzchen.
Jetzt fiel mir wieder ein, warum ich meine Mutter und meinen Bruder den ganzen Tag nicht gesehen hatte. Sie wollten ein Hündchen ansehen und jetzt hatten sie eines mitgebracht. Mit einem Freudengeheul stürzte ich zu meiner Mutter, nahm ihr die Tasche aus der Hand und schaute hinein. Da lag ein kleines braunes Etwas, das passte gerade in meine Hände, als ich es aus der Tasche hob. Das Kleine zitterte am ganzen Körper, schaute aber schon ganz neugierig mit den Knopfaugen die neue Umgebung an. Schnell waren ein paar Essensreste gefunden und eine kleine Schale mit Magermilch.
Damals gab es nur Magermilch, und nur auf Essensmarken; Vollmilch war ein Fremdwort. Hastig wurde die erste Mahlzeit im neuen Haus verschlungen, die Schüssel mit der Milch leergeschleckt.
Dann gab es viele Streicheleinheiten von der ganzen Familie, das Hündchen wurde müde, wurde auf das Sofa gebettet, auf dem später Oma schlafen wollte, und war schnell

in einen tiefen Schlaf gesunken, nachdem es noch ein kleines Bächlein auf Omas Bett gemacht hatte.

Jetzt begann die große Diskussion, wie das Hündchen heißen sollte. Einen Stammbaum gab es für diesen kleinen Mischling nicht, an dem man sich hätte orientieren können. Nach langem Hin und Her, ich weiß nicht mehr, wem welcher und wie viele Namen eingefallen waren, einigten wir uns auf *Teddy von Diemendorf*. Fragen Sie mich nicht, wieso gerade dieser Name.
Nun *Teddy* war noch nachzuvollziehen: Das Hündchen sah tatsächlich aus wie ein kleiner Teddybär, klein, rund, mit dichtem Fell, zwei Knopfaugen und einem lustigen Ringelschwänzchen. Auch *Diemendorf* war verständlich; schließlich kam Teddy von dort. Aber „von" war schon ein starkes Stück. Nie und nimmer wären wir auf die Idee gekommen unserem Kleinen ein Adelsprädikat zu verpassen, hätten wir nur im Entferntesten geahnt, wie weit er sich in seinem späteren Leben von einem adeligen Verhalten und Benehmen entfernen würde.
Dies war vor gut anderthalb Jahren: im Winter 1947.
Inzwischen war aus *Teddy Tetzel* geworden. Er hatte nämlich nichts mehr von einem Teddybären. Er war jetzt fast ausgewachsen, mittelgroß, hatte sich prächtig entwickelt und war der Einzige in der Familie, der gut ernährt aussah. Nun, das kam nicht allein von seinem Futter, dass er von uns bekam, sondern von den vielen Kleinigkeiten, die er aus der Nachbarschaft zugesteckt erhielt oder geklaut hatte und von den Resten aus den Katzennäpfen, die unsere beiden Mäusejäger übriggelassen hatten. Es war für mich ein herrliches Schauspiel, wenn ich einmal absichtlich *vergessen* hatte, die Tür zwischen Vorraum und Wohnküche zu schließen. Dann zwängte sich Tetzel durch die Türlücke und stürzte sich auf die beiden Fressnäpfe der Katzen. Ruck, zuck waren sie mit großem Getöse leergeschlappt, dass die leeren Blechschüsseln wie Tennisbälle, allerdings

nicht so leise, durch die Küche flogen. *Jetzt aber raus aus der Küche*, diese lautstarken Befehle meiner Oma kamen mit Sicherheit immer zu spät. Tetzel hatte sich regelmäßig schon aus dem Staub gemacht, indem er sich noch provozierend über die Lefzen und Nase leckte.
Unseren Katzen, sofern sie das mitbekamen, sah man an ihren hoch gehaltenen Nasen an, was sie von dem Rüpel hielten. Kurz gesagt: Tetzel war der gefräßigste Hund, den ich jemals kannte, er war rund und bestens ernährt; „rausgefressen", wie mein Onkel zu sagen pflegte. Und noch eine bemerkenswerte Eigenschaft, über die meine Mutter sehr glücklich war, hatte Tetzel: Er war der wachsamste und schärfste Hund weit und breit.
Zur *Ausbildung* zum scharfen Hund hatte ich unbeabsichtigt beigetragen. Jeden Morgen, wenn ich im Vorraum am kleinen Waschbecken mit einigen Wassertropfen meine Pflichtreinigung vollzog, bespritzte ich Tetzel, der die Nacht über im Vorraum schlafen durfte, mit Wasser. Schnell hatte ich herausgefunden, dass er wasserscheu war. Wenn ich ihn also bespritzte, was fast täglich geschah, wurde unser Hund fuchsteufelswild. Er zog die Lefzen hoch, sodass man sein gewaltiges Gebiss sah, knurrte und bellte wie verrückt. Hätte es damals schon die Kampfhundehysterie gegeben, Tetzel wäre in dieser Situation sicher als solcher eingestuft worden. Nach dem dritten Schrei meiner Oma: „Lass den Hund endlich in Ruhe", beendete ich regelmäßig meine und Tetzels Morgentoilette. Nach dieser *Ausbildungsstunde*, besser gesagt -minuten, war Tetzel der friedlichste Hund, den man sich vorstellen konnte. Ich konnte mich zu ihm auf den Boden legen und mit ihm spielen, er leckte mich immer ab und vollendete damit meine Morgenwäsche, freute sich und schlug dabei mit seinem buschigen Ringelschwanz um sich.
Tagsüber war Tetzel unter dem Vorbau untergebracht. Aus einem alten Ledergürtel hatte er ein Halsband bekommen und war mit einem fünf Meter langen Kälberstrick an

einem starken runden Haken am Vorbau *angeleint*. Jetzt konnte er seine Eigenschaft als Wachhund voll entwickeln. Kein Fremder durfte sich unserem Häuschen nähern. Sofort gebärdete er sich wie verrückt. Er bellte laut, dass es die Nachbarschaft deutlich mitbekam, zerrte an seinem Strick und hätte sicherlich so manches Unheil angerichtet, wenn er nur gekonnt hätte. Zum Glück konnte er nicht; wir waren nämlich gar nicht versichert. Überhaupt nicht leiden konnte er Menschen in Uniform. Unsere Briefträgerin blieb immer in respektvoller Entfernung vor dem Haus stehen und legte die Post auf einem Stein ab; außerhalb der Reichweite des Kälberstricks.

Meinen Onkel konnte Tetzel auch nicht leiden, was auf Gegenseitigkeit beruhte. Er wurde angeknurrt und Tetzel zeigte seine Zähne. Mehr machte er nicht, weil er wusste, dass mein Onkel zur Familie gehörte. Aus dieser Zeit stammte der Beiname *Fleischerhund*. Mein Onkel kam immer am Abend zum Essen zu uns, er wohnte in einem kleinen Zimmer am anderen Ende von Starnberg, und wenn manches Mal Tetzel sein Unwesen besonders heftig trieb, rief immer mein Onkel: „Haltet Euren Fleischerhund fest"! So bekam Tetzel seinen Beinamen; aber warum gerade Fleischerhund, ist mir bis heute nicht klar. Sonst war Tetzel äußerst friedlich.

Wir konnten mit ihm jederzeit ohne Leine spazieren gehen, ich konnte mit meinen Freunden spielen und toben, er machte mit, ohne dass jemand jemals einen Kratzer abbekam. Auch fremden Hunden gegenüber benahm er sich einwandfrei; nie gab es eine Beißerei. Lediglich schlanke und nackte Frauenbeine hatten es ihm angetan. Er stürzte sich von hinten auf das Opfer seiner Begierde, umklammerte die Beine und machte seine Imponierbewegungen. Wir mussten ihn dann immer energisch zurückrufen oder schauten schamvoll zur Seite, als wenn der Hund uns nicht gehören würde.

Nur einmal, ich musste mit meiner Oma mit einem Leiterwagen aus dem Wald Holz holen, gab es einen kleinen Zwischenfall. Am Waldrand stand ein kleines Haus, davor pickten eine Schar Hühner und ihr Hahn auf dem Boden rum und suchten nach Körnern und Würmern. Als der Hahn Tetzel erblickte, stimmte er lauthals ein Kikeriki zur Warnung an, damit sich seine Hühner in Sicherheit bringen konnten. Diese schlüpften dann auch schnell durch eine Lücke im Zaun und verschwanden im Garten. Der tapfere Hahn schaffte es aber nicht mehr. Mitten im letzten Kikeriki hatte Tetzel ihn am Hals gepackt und schüttelte ihn, dass Hund und Hahn in einer Wolke von Federn verschwanden. Als der Hund auf mein Schreien losließ, und sich die Federnwolke senkte, sah ich, wie der vorher so stolze Hahn wie ein großes, federnloses Küken gackernd seiner Hühnerschar durch den Zaun folgte.
Meine Mutter war aber zufrieden; sie musste jetzt keine Angst mehr um uns haben, wenn sie tagsüber zum Arbeiten ging und auch nicht vor Einbrechern. Es gab auch keine, nicht einmal Versuche bei uns einzubrechen, dank Tetzel!

Bevor ich diese Geschichte weitererzähle, muss ich doch den jüngeren Lesern kurz die Lebenssituation der meisten Menschen in unserem Land schildern; den ersten Jahren nach dem schrecklichen Krieg. Es gab drei Engpässe, die das tägliche Leben bestimmten:
Zum einem gab es durch die vielen Flüchtlinge aus dem Osten und den von Bomben zerstörten Wohnungen und Häusern in den Städten einen großen Engpass an Wohnraum. Die Menschen hausten oft mit einer ganzen Familie in einem, bestenfalls in zwei kleinen Räumen, sogar manches Mal unbeheizt oder nur mit einem primitiven Kohleherd ausgestattet; wobei auch Kohle Mangelware war. Möbel waren alt oder aus Resten zusammengenagelt.

Kleider und Schuhe gab es auch nicht und wenn, dann nur auf sogenannte Bezugsscheine. Die Menschen trugen oft alte Kleider aus der Vorkriegszeit, x-mal ausgebessert und geflickt, alte Arbeitskleidung, ausrangierte Teile von Uniformen, ohne militärische Abzeichen oder Auszeichnungen. Manches war zu klein, manches zu groß, sodass die Kleider auf den abgemagerten Körpern nur so herumschlackerten. Die Frauen entwickelten ein großes Talent als Schneiderinnen und Modeschöpferinnen in einem. Was da aus alten Sachen und Resten oft zusammengeschneidert wurde, war schon ein kleines Wunder für sich.
Der größte Engpass war die mangelhafte Versorgung der Bevölkerung mit lebenswichtigen Grundnahrungsmitteln. Brot, Milch, Butter und Fleisch gab es nur auf Lebensmittelmarken, die aber bei Weitem nicht ausreichten. Die meisten Menschen litten Hunger, und man sah es ihnen an. Ausgemergelte Gesichter, Körper oft wie hölzerne Kleiderständer mit Storchenbeinen. Schöne Figuren gab es nicht, Rundungen bei Frauen auch nicht oder waren von der *modischen* Kleidung verdeckt. Jeder versuchte, zusätzliche Lebensmittel zu bekommen. Ein lebhafter Schwarzmarkt und Tauschhandel entwickelte sich. Die Städter fuhren aufs Land und tauschten ihre wertvollen Sachen, die sie über das Kriegsende hinaus gerettet hatten, bei Bauern gegen Butter, Fleisch, Federvieh oder einem Sack Mehl. So wechselten oft Schmuck, Orientteppiche, Antiquitäten, ja sogar echte Pelzmäntel ihre Besitzer. Oder man tauschte Dienstleistungen gegen Lebensmittel. So mancher Kriegsheimkehrer verdingte sich auf Bauernhöfen als Maurer oder Elektriker.
So auch meine Mutter. Sie hatte zwar eine gute Anstellung und mit gutem Verdienst, konnte aber damit keine zusätzlichen Lebensmittel kaufen. Also fing sie einen Nebenjob an. Auf einer alten klapprigen Schreibmaschine tippte sie Horoskope, die eine alte Wahrsagerin auf dem Land den Bauern verkaufte. Der Lohn in Form von Naturalien

wurde dann geteilt. So kamen wir einigermaßen über die Runden. Geld hatten die Meisten genügend, nur konnten sie sich dafür nichts kaufen – es gab nichts. Die Menschen litten Hunger, und der Hunger sah aus ihren Gesichtern.

Zurück zu meiner Geschichte. Es war wieder ein Sonntag, ein strahlend schöner Tag, direkt einladend zu einem Bad im See. Die großen Sommerferien würden in der folgenden Woche beginnen. Trotzdem war meine Stimmung mies, ich war traurig und zornig zugleich. Ich war stinksauer. Nicht wegen des schönen Wetters oder weil es Sonntag war. Nein, weil es gerade ein schöner Sonntag war! Ich konnte mich noch gut an die letzten schönen Sonntage erinnern; da musste ich immer mit meiner Mutti und Oma spazieren gehen, obwohl ich etwas Besseres vorhatte. So hatte ich auch an diesem Sonntag eine schlechte Vorahnung.

Und richtig! Das Mittagessen war gerade beendet, es gab gedünsteten Kohl, Kartoffeln und ein Stück Fleisch. Wie immer in den letzten Monaten, verzichteten meine Mutter und Oma auf das Fleisch und so teilten es sich mein Bruder und ich. Meine Fleischportion war so groß, dass ich das Stück mit meiner Gabel aufspießen und verspeisen konnte, ohne das Messer zu benutzen. Als das Geschirr gespült und weggeräumt war, ahnte ich Schlimmes. Den Gedanken hatte ich noch nicht zu Ende gebracht, als ich meine Mutter hörte: „Bei diesem wunderschönen Wetter müssen wir unbedingt etwas unternehmen, wir wandern nach Schloss Berg und fahren mit dem Dampfer wieder zurück."
Schloss Berg lag gegenüber von uns auf der anderen Seeseite, einen Fußweg von ca. zwei Stunden entfernt. Berühmt ist Schloss Berg, weil König Ludwig II. dort die Sommersaison verbrachte, und wenige Hundert Meter entfernt mit seinem Leibarzt angeblich ertrunken war, obwohl er ein anerkannt guter Schwimmer war. Die Stelle, an der

man die beiden Ertrunkenen gefunden hatte, markiert ein großes Kreuz im See, und am Ufer erinnert eine Votivkapelle an den Lieblingskönig der Bayern. Das war das Ausflugsziel, wie es meine Mutter geplant hatte.
Mit dem *Dampfer zurückfahren* wollte mich meine Mutter ködern, denn sie wusste, dass ich leidenschaftlich gerne Dampfer fuhr. Aber pfeif drauf, ich hatte etwas Besseres vor: Ich wollte mit meinen beiden Freunden aus der Nachbarschaft unser selbst gebautes Floß auf dem See ausprobieren. Wir hatten unter einem alten Stück Lattenholzzaun vier große leere Benzinkanister befestigt, die ich aus US-Armeebeständen *organisiert* hatte; zumindest stand auf den grünen Kanistern in großen weißen Buchstaben *US* drauf. Mit diesem Gedanken schlüpfte ich durch die Küchentür und wollte lautlos verschwinden.
„Und Du gehst mit!“ Nicht die Worte an sich ließen mich sofort stehen bleiben, sondern der Ton war es. Ich hatte genügend Erfahrung, als dass ich nicht erkannt hätte, dass diese leisen und zwischen den Zähnen herausgepressten Worte meiner Mutter keinen Widerspruch duldeten. Vor einigen Wochen, auch an einem wunderschönen Sonntag, als ich heftig aber vergebens gegen meine Beteiligung am Spaziergang protestierte, hatte dies mir zusätzlich noch vierzehn Tage Radfahrverbot eingehandelt, und das war besonders schlimm für mich! Auch mein vorsichtig vorgebrachter Hinweis, mein Bruder müsste ja auch nicht mitgehen, half nichts. Die Antwort war die gleiche, wie sie Generationen von Eltern an ihre jüngeren Kinder gegeben haben und auch in Zukunft geben werden: „Der ist ja viel älter als du; wenn du so alt bist wie dein Bruder heute, musst du auch nicht mehr mit uns spazieren gehen.“

Meine Mutter war eine absolute Autorität. Als Alleinerziehende musste sie sich in diesen schlechten Zeiten gegen allerlei Widerstände durchboxen, um die Existenz und Zukunft der Familie zu sichern. Wenn sie sich etwas in den

Kopf gesetzt hatte, zog sie es auch durch. Widerstände ließ sie links liegen. Wenn ich nach dreimaliger Aufforderung nicht hörte, fing ich eine, also hörte ich spätestens nach dem zweiten Mal. Lange Diskussionen mit den Eltern oder eine antiautoritäre Erziehung gab es damals nicht. Eine begleitende Erziehungshilfe durch das Jugendamt oder Psychologen auch nicht. Ich fügte mich also zähneknirschend, aber widerspruchslos, trat meine sonntägliche Höchststrafe an und ging mit spazieren. Kleiner Trost für mich war, dass Tetzel mitdurfte.

Der Weg führte uns zuerst einige Hundert Meter der Straße entlang Richtung Starnberg. Vornweg Mutti und Oma, dann mit einigem Abstand, ich und mit mir Tetzel. Der Abstand wuchs auf 10, 20, 50 Meter an, was nicht ungewöhnlich war, und von meiner Mutter akzeptiert wurde. Hauptsache sie hatte mich unter Kontrolle. Sie blickte sich ab und zu um, und wenn sie mich sah, wenn auch in wachsender Entfernung, war sie auch zufrieden.
Für mich hatte die Distanz den Vorteil, ich musste mir nicht dauernd Ermahnungen und Fragen nach meinen Schulnoten anhören, zum anderen konnte ich meinen eigenen Gedanken und Träumen ungestört nachhängen. Tetzel blieb bei mir, wenn er sich auch immer wieder etwas weiter entfernte, er kam immer wieder zurück. Halsband und Leine hatte er nicht, gab es ja auch nicht.
Dann ging es rechts unter die Bahnunterführung auf die andere Bahnseite und dem See entlang. Als Erstes fiel mein Blick auf die vielen, auf den Wellen schaukelnden Segel- und Motorboote im Jachtklub, der in amerikanischer Hand war, aber eigentlich *Münchner Jachtklub* hieß. Und sofort fiel mir wieder ein, dass ich an sich heute mit meinen Freunden unser Floß ausprobieren wollte. Meine Stimmung sank wieder gegen null.
Es ging weiter dem See entlang und wir kamen am vornehmen Undosa-Bad vorbei, mit Hotel, Restaurant, großer

Freiterrasse und eigenem Freibad. Ich kannte die Anlage nur vom Sehen und von außen, denn auch sie war von den Amerikanern besetzt und für Deutsche verboten; deutsche Mädchen und Frauen in Begleitung amerikanischer Soldaten hatten jedoch Zutritt. Tetzel schnupperte unter den Fenstern der Küche und suchte nach Fressbaren. Es roch herrlich, die Gerüche waren mir jedoch fremd, was da gekocht wurde, kannte ich nicht.

Weiter ging es an den Bootshäuschen vorbei, in denen die Fischer ihre Boote unterstellten und im Winter unter die Dächer ins Trockene zogen. Zwischen den Häuschen und vor der Strandpromenade lagen große Felsen als Wellenbrecher. Wie immer, wenn wir an dieser Stelle vorbeikamen, sprang Tetzel von Stein zu Stein und suchte dazwischen im Wasser nach toten Fischen, die von Wellen angeschwemmt waren oder aus den Fischernetzen stammten. Wie herrlich er roch, wenn er einen Fisch gefunden hatte, der vielleicht schon einige Tage tot im Wasser gelegen hatte, kann man sich gut vorstellen. Eine Woche Hausverbot war für ihn die Folge, was ihn aber nicht davon abhielt, weiter danach zu suchen. Heute hatte er kein Glück; die Konkurrenz war schon da gewesen.

Einige Hundert Meter weiter kamen wir auf der linken Seite zum Bahnhof und rechts zu den beiden Dampferstegen, einem niedrigeren, kürzeren, an dem wir bei der Ruckfahrt mit dem kleinen Fahrgastschiff mit Namen *Leoni* anlegen würden. Der hohe, längere Steg war für größere Schiffe, wie die *Tutzing* vorgesehen. Die Schiffe am Starnberger See, zuerst waren es nur diese Zwei, wurden nicht als Ausflugsdampfer genutzt, sondern waren ein wichtiges Verkehrsmittel, die in erster Linie die Pendler zwischen den Orten am See beförderten. Die Schiffe fuhren genau nach Plan, das ganze Jahr und waren fast immer pünktlich; nur nicht im Winter 1946/47, als der See über drei Monate fest zugefroren war. Es war damals so kalt, dass die Eisdecke sogar amerikanische Jeeps trug, die quer über den See fuhren. Fußgänger wanderten über den See und Eissegler flitzten bei starkem Wind über das Eis. Wir Kinder hatten damals viel Spaß; wir spielten *Eishockey* ohne Schlittschuhe, mit Stöcken von abgeschnittenen Ästen und einem alten Stück Gummisohle als Puck.

Hinter den Dampferstegen kamen wieder einige Bootshütten, dann der Ruderklub, der Hafen und einige Privatgrundstücke. Vor mir, 80,100 Meter, gingen meine Mutti und Oma und drehten sich ab und zu um und vergewisserten sich, dass ich und Tetzel ihnen auch folgen würden. Zufrieden setzten sie dann ihren Weg fort, wenn sie uns sahen; wenn auch in einiger Entfernung.
Hinter dem Strandbad ging es auf einer hölzernen Brücke über die Würm, dem Abfluss aus dem See. Der *Starnberger See* heißt eigentlich *Würmsee*; nur die Einwohner der Stadt Starnberg sagen zum Würmsee Starnberger See, während alle anderen Gemeinden rund um den See vom Würmsee sprechen. So finden sich heute noch auf Landkarten und Atlanten beide Namen. Oben auf der Brücke blieb ich immer gerne stehen, lehnte mich über das Geländer, blickte ins Wasser und hielt nach Fischen Ausschau. Wenn ich einige entdeckt hatte, spuckte ich hinunter und freute mich diebisch, wenn ein paar angeschossen kamen, nach dem vermeintlichen Futter schnappten und dann beleidigt wieder mit einem Schwanzschlag verschwanden.
Gleich hinter der Brücke führte der Hauptweg weiter geradeaus und rechts ging ein schmaler Fußweg am Seeufer entlang und kürzte den Weg nach Schloss Berg etwas ab. An dieser Ecke blieb meine Mutter stehen, bedeutete mir, dass wir die Abkürzung gehen wollten. Ich hob meine Hand als Zeichen, dass ich verstanden hatte. Ich spuckte noch schnell ein-, zweimal von der Brücke in die Würm; diesmal kamen keine Fische mehr und schnappten danach. Sie hatten anscheinend etwas gelernt. Außerdem schnupperte Tetzel am Ufer und suchte vergeblich nach toten

Fischen; die Lebenden sahen aber seinen Schatten und gingen auf Tauchstation.
Ich sprang schnell die Stufen der Holzbrücke hinunter, rief den Hund und nahm auch die Abkürzung, die meine Mutter und Oma circa hundert Meter vor mir genommen hatten. Zuerst folgte der Weg einem Privatgrundstück zur rechten Seite und dann ging es durch ein Dickicht von mannshohen Sträuchern und hohem Schilf. Hier war es schattig und angenehm kühl, aber auch etwas unheimlich, denn es war düster und der leichte Wind raschelte in den Blättern und Schilf. Unwillkürlich beschleunigte ich meine Schritte, damit ich möglichst schnell wieder aus diesem Wäldchen rauskam. Nach ein-, zweihundert Metern blieben Sträucher und Schilf zurück, und der Trampelpfad führte über eine große Wiese. Rechter Hand trennte ein breiter Sand- und Kiesstrand Wiese und See. Jemand, der einen Blick für die Natur hat, bot sich jetzt ein traumhaftes, malerisches Bild. Gegenüber lag das Städtchen Starnberg und auf der Höhe die Schlosskirche und das Schloss, das die Amerikaner als Gericht und Gefängnis nutzten, in dem verurteilte Nazis ihre Strafe absaßen. Schräg gegenüber lag die Roseninsel, die einzige Insel des Sees, zwischen den Orten Tutzing und Feldafing. Ganz am Südende des Sees war der Ort Seeshaupt zu sehen und dahinter zum Greifen nahe, obwohl es sicher 60, 80 Kilometer entfernt war, das Wettersteingebirge mit der Zugspitze. Über allem strahlte die heiße Julisonne so grell, dass einem die Augen wehtaten. Die Sonne und der tiefblaue Himmel spiegelten sich im See und auf den kleinen Wellen blitzten und blinkten Tausende Sterne. Ein Bild, wie für eine Ansichtskarte geschaffen oder Anregung für einen Landschaftsmaler.
Ich hatte jedoch keinen Blick für die Naturschönheit. Ich kannte den See und seine Umgebung, zu allen Jahreszeiten, bei Sturm und Regen, bei Sonnenschein und Föhn. Heute sah ich nur den See und sofort fiel mir wieder ein, dass jetzt meine Freunde sicher schon das selbst gebastelte Floß zu

Wasser gebracht hatten und die ersten Ruderversuche unternahmen. Und das ohne mich, der ich doch maßgebend beim Bau durch die Beschaffung der amerikanischen Benzinkanister beteiligt war. Meine Stimmung sank sofort wieder gegen null, wo sie sich doch gerade etwas am Aufhellen war, nachdem ich die Fische in der Würm mit meiner Spucke geärgert hatte. Ich dachte angestrengt nach, wie ich es anstellen könnte, dem Pflichtspaziergang am nächsten Sonntag zu entgehen.

Mein Blick fiel auf die Wiese, den Kiesstrand, das angrenzende Seeufer und den Trampelpfad, der am anderen Ende wieder in ein Gestrüpp und Schilf mündete und in das meine Mutter und Oma gerade verschwanden. Vor mir lag ein Badestrand mit zahllosen Badenden, die im Wasser schwammen oder herumspritzten, auf alten ausgefransten Decken ein Sonnenbad nahmen oder auf der Wiese mit einem ballähnlichen Gerät, aus Lumpen zusammengebunden, spielten.

Einige der Erholungssuchenden waren am ganzen Körper käseweiß; sie waren heute zum ersten Mal in diesem Jahr in der Sonne, andere waren feuerrot, die waren gestern schon da und hatten sich den ersten Sonnenbrand geholt, und wieder andere waren braun, fast schwarz, das waren Arbeitslose oder Rentner, die kamen jeden Tag hierher, wenn es schönes Wetter war. Eines hatten sie jedoch alle gemeinsam, sie waren spindeldürr und hatten ausgemergelte Gesichter. Lustig sahen die sogenannten Badeanzüge und Badehosen Marke Eigenbau aus, meistens einige Nummern zu groß. Bei einigen schlackerte die Badekleidung wie auf Bohnenstangen, eine Ähnlichkeit mit Vogelscheuchen war unverkennbar. Keiner lächelte darüber, die meisten sahen so aus, es war halt damals so!

Ich ging den schmalen Pfad zwischen den Leuten auf den Decken und den Spielenden entlang, Tetzel folgte mir in einiger Entfernung. Als ich etwa in der Mitte der Wiese angekommen war, sah ich, wie die Leute auf den Decken ihre Augen starr auf irgendetwas in ihrer Nachbarschaft gerichtet hatten. Meine Augen folgten diesen Blicken und plötzlich sah ich etwas, so was Herrliches hatte ich noch nie gesehen. Direkt am Ufer, nur wenige Meter vom See, war eine schöne Decke auf dem Kiesstrand ausgebreitet. Zwei weiße Tassen und zwei kleine Tellerchen waren auf bunten Untersetzern gestellt. Daneben stand eine Kanne, aus der es dampfte und herrlich roch; das musste wohl Bohnenkaffee gewesen sein, den es damals nur auf dem Schwarzmarkt gab. Wir kannten Bohnenkaffee nicht, bei uns gab es nur Kaffee-Ersatz; meine Mutter sagte dazu immer *Schlunzbrühe* oder *Muckefuck*. Die Ursache für die Begierde der Leute rundherum thronte in der Mitte der Decke. Es muss wohl eine Torte gewesen sein, wie ich sie noch nie gesehen hatte. Mehrere Schichten aus hell- und dunkelbraunem Teig, dazwischen schimmerte es rot und gelb, und als Krone war obendrauf weißer Schnee mit kleinen braunen Flecken.

Das Paar, das zu diesem Wunder gehörte, stand 10, 20 Meter entfernt, knietief im Wasser und erfrischte sich im See, bevor es zum Kaffeetrinken und Torteessen gehen wollte. Die Leute ringsum blickten hungrig und neidisch auf die gedeckte Kaffeetafel, besser gesagt auf die Kaffeedecke, sie waren ja auch nicht eingeladen. Die Frau war die einzige dicke Person weit und breit und das Männchen, das zur Dicken gehörte, bespritzte sich gerade die kalkweiße Brust mit einigen Tropfen Seewasser. Ich stand starr und blickte auf das Wunder; nicht, weil ich auch neidisch war, nein, ich war nur erstaunt, dass es so etwas Schönes überhaupt geben konnte.

Tetzel hatte ich schon seit der Würmbrücke nicht mehr gesehen. Ich wusste aber, dass er in der Nähe sein musste, er entfernte sich nie außer Sichtweite zu mir. Tetzel musste nicht erst durch die Blicke der Leute auf die Torte aufmerksam gemacht werden. Ich sah ihn, wie er plötzlich 40,

50 Meter hinter mir auf dem Weg stehen blieb und seine Nase in die Luft reckte. Ich sah förmlich, wie er den Duft einsog und dann sprang er in riesenlangen Sätzen los. Er umkurvte die Decken der Badenden wie im Slalom und stürzte sich dann auf die wunderschön gedeckte Kaffeedecke. Er bremste erst ab, als er bereits auf der Decke war. Die Kaffeetassen und Teller flogen in hohen Bogen zur Seite, eine Tasse zerbrach klirrend auf dem Kies, die Kaffeekanne stürzte um und das kostbare Nass ergoss sich über die zusammengeknäulte Decke. Tetzel steckte sofort seine schwarze Schnauze mitten in die herrliche Torte und schlang gierig und laut schmatzend große Stücke in sich hinein, dass die Kirschen nur so flogen und die Sahne herumspritzte.
Die dicke Frau im Wasser sah das Unheil kommen, konnte es aber nicht mehr verhindern. Sie stürzte laut schreiend und kreischend aus dem Wasser und fuchtelte wie verrückt mit beiden Armen um sich. Tetzel erkannte mit einem kurzen Blick zur Seite, dass er noch zwei Sekunden Zeit hatte, bevor er sich in Sicherheit bringen musste. Er biss noch einmal schmatzend in die traurigen Reste der Torte, rülpste provozierend laut, sprang einige Sätze weg und blieb dann abwartend stehen. Inzwischen war die Dicke am Trümmerhaufen ihrer ehemaligen Kaffeedecke angekommen. Es sah fürchterlich aus. Das Geschirr und Besteck lagen verstreut auf dem Kies herum, eine Tasse bestand nur noch aus Scherben, und aus der umgekippten Kanne tropfte der letzte Schluck vom duftenden und kostbaren Kaffee. Am Schlimmsten aber sahen die Überreste, der vor einigen Sekunden noch so herrlichen Torte aus. Ein schlecht verrührter, unförmiger heller und dunkler Brei, dazwischen einige rote Punkte, ein paar weiße Farbtupfer, vorher leckere Sahne, verschmierten die neuen Untersetzer und die Badedecke.
Als die Dicke den Ort der Verwüstung sah, packte sie voller Zorn die Reste der Torte zusammen, warf sie in Rich-

tung Tetzel und kreischte: „Hier, friss den Rest auch noch!“ Tetzel ließ sich nicht zweimal bitten, sprang heran und leckte nochmals die kläglichen Überreste auf. Immer noch schimpfend fragte die dicke, ehemalige Tortenbesitzerin die Leute auf den benachbarten Decken, wem denn der Köter gehören würde. Niemand wusste es, ich auch nicht. Die Dicke sah aber nur in lauter lachende, fröhliche Gesichter. Keines blickte mehr neidisch, und alle Badenden rundherum gönnten Tetzel die Torte mehr, als der Dicken. Schadenfreude ist halt doch die schönste Freude!
Ich war inzwischen still und heimlich weitergegangen, als wenn ich nicht dazugehören und mich die ganze Geschichte nichts angehen würde. Bevor ich am Ende der Wiese in das nächste angrenzende Wäldchen verschwand, blickte ich mich nochmals verstohlen um und sah, wie die dicke Frau und ihr Mann ihre Sachen zusammenpackten und unter dem schadenfrohen Grinsen der Nachbarn fortgingen. Für die Zwei war der Sonntag gelaufen!
Plötzlich war auch Tetzel wieder da. Er sah noch viel dicker aus, als er sowieso schon war. Er hatte sich bis jetzt sehr diskret verhalten, wollte mich wohl nicht in Schwierigkeiten bringen und hatte größeren Abstand zu mir gehalten. Jetzt lief er neben mir her, hatte seinen Schwanz eingezogen und erwartete wohl ein Donnerwetter von mir. Als ich ihn aber auf den Schenkel klopfte und freundlich über seinen Kopf streichelte, wedelte er heftig mit seinem buschigen Ringelschwanz, strahlte mich mit seinen schwarzen Knopfaugen an, als wenn er sagen wollte: „Ich habe vielen Menschen, außer der Dicken und ihren Mann, großen Spaß bereitet und sie hatten alle ein lustiges Sonntagserlebnis trotz knurrender Mägen. Auch die Mägen der Dicken und ihres dürren Männchens haben sicher schlimm geknurrt, aber mir hat die Torte bestens geschmeckt!“

Für mich aber war es plötzlich ein wunderschöner, lustiger Sonntagsspaziergang und die Ausrede, die ich mir zurechtgebastelt hatte, am nächsten Sonntagsausflug nicht mit Mutti und Oma mitzugehen, hatte ich schon wieder vergessen. Und ich dachte auch nicht mehr daran, dass meine Freunde jetzt ohne mich das selbst gebastelte Floß ausprobieren würden. Fröhlich und flott ging ich weiter und hatte bald Mutter und Oma eingeholt.

Starnberg wurde erstmals urkundlich 1226 als Besitz der Grafen von Andechs-Meran erwähnt und ist heute eine Kreisstadt mit ca. 24.000 Einwohnern, liegt ca. 25 Kilometer südwestlich von München. Bis Garmisch-Partenkirchen und der Zugspitze sind es ca. 70 Kilometer.
Die Stadt liegt an der Bahnstrecke München-Garmisch-Innsbruck und ist Station im Münchener S-Bahnnetz. Mit einem Abzweig ist die Stadt an die A 95 angebunden. Starnberg ist eine der reichsten deutschen Gemeinden, beliebter Wohnsitz von Prominenten und bevorzugtes Ausflugsgebiet der Münchner.
Der Ort Berg, am nordöstlichen Seeufer gelegen, ist vor allem durch sein gleichnamiges Schloss bekannt, in dem König Ludwig II., 1845–1886, meistens in den Sommermonaten lebte.
Unweit vom Schloss, zwischen den Orten Berg und Leoni wurde der König und sein Leibarzt Bernhard von Gudden am 13.6.1886 im seichten Wasser ertrunken aufgefunden, obwohl er ein anerkannt hervorragender Schwimmer war und häufig an das gegenüberliegende Ufer zu Schloss Possenhofen und zurückschwamm.
Die Stadt Starnberg liegt am Nordende des früher so genannten Würmsees, der offiziell seit 1962 Starnberger See heißt. Der See ist der fünftgrößte in Deutschland, mit einer Länge von 21,5 und einer größten Breite von 4,5 Kilometern. Die größte Tiefe wurde mit 127 Metern gemessen. Das gesamte Gebiet um den See ist eine bevorzugte Ur-

laubsregion im Voralpenland. Entstanden ist der See während der Eiszeit und wurde durch den Isar-Loisach-Gletscher ausgehoben. Einen größeren Zufluss hat der See nicht; er wird gespeist von mehreren kleineren unterirdischen Bächen und den südlich liegenden Moorseen. Abfluss aus dem See ist bei Starnberg der Fluss Würm, der nach 35 Kilometern in die Amper fließt, einem Abfluss des Ammersees, die wiederum bei Moosburg in die Isar fließt.

Sauerkraut in der Milchkanne

Es war in den Nachkriegsjahren 1946–1948. Wir, meine Mutter, Großmutter, und mein älterer Bruder waren 1946 von Tschechen aus unserer Heimat, dem Sudetenland, vertrieben worden.

Wir lebten jetzt nach verschiedenen Stationen und Auffanglagern in einem kleinen Behelfsheim außerhalb von Starnberg am See, das sich damals noch im Dornröschenschlaf versteckte und noch nichts von seinem späteren Boom als Wohnsitz für Prominente ahnte.

Ich ging damals in die 3./4. Klasse der Volksschule und hatte häufig, mangels Lehrkräften und fehlender Unterrichtsräume, auch nachmittags Schulunterricht. Meine Mutter hatte eine Anstellung bei Gericht, das damals von den Amerikanern geführt und verwaltet wurde, und war den ganzen Tag nicht zu Hause. Mein älterer Bruder ging schon aufs Gymnasium und hatte meistens vormittags Unterricht. So waren meine Oma und ich am Vormittag meistens alleine in unserem bescheidenen Heim. Oma zur Freude, denn ich konnte ihr bei so manchen Dingen im Haushalt helfen, und zu meinem Pech, konnte ich doch in dieser Zeit nicht mit meinen Freunden zusammen sein und auch nicht mich an verschiedenen Streichen beteiligen.

Zehn Minuten Fußweg von uns, noch weiter vom Stadtzentrum entfernt, gab es einen kleinen Krämerladen, in dem man das Wichtigste zum damaligen Leben kaufen konnte; sofern es überhaupt etwas gab! Die meisten Menschen verfügten zwar über genügend Geld, die *gute, alte Reichsmark*, aber sie konnten damit nichts, oder fast nichts kaufen. Auf legalem Weg gab es kaum was zu erwerben, höchstens absolut lebensnotwendige Dinge. Auf dem *Schwarzmarkt* dagegen konnte man fast alles erhalten, im

Tausch gegen echten Schmuck, Pelzmäntel und andere Wertgegenstände.

An einem Vormittag meinte Oma: „Peter, geh mal zum Kramer, hol frisches Sauerkraut, heute gibt's Kartoffeln und Kraut. Nimm die Milchkanne mit und lass sie vollfüllen!"

Diese Kanne aus leicht verbeultem Blech war ein *Universaltransportmittel.* Ich konnte beim benachbarten Bauern nicht nur 1½ Liter frische Kuhmilch kaufen, nicht die berüchtigte *Magermilch*, wie sie offiziell in Geschäften verkauft wurde, sondern beim Kramer natürlich auch Sauerkraut; beides in der gleichen Milchkanne transportiert. Natürlich nach einer gründlichen Reinigung, nach jedem Gebrauch!

Ich machte mich also auf zum Kramer. Ab und zu blieb ich stehen, war verspielt und drehte die leere Milchkanne mit meiner Hand um die Schulter. Hatte das schon früher oft mit der mit Milch gefüllten Kanne gemacht, ohne dass ein Tropfen der kostbaren Flüssigkeit verloren gegangen war!
Beim Kramer äußerte ich meinen Wunsch und reichte dem Mann meine Milchkanne. Diese wurde dann aus einem Holzfass mit herrlich riechendem, frischem, tropfenden Sauerkraut bis zum Rand gefüllt.

Selbst heute, siebzig Jahre nach dieser Geschichte, läuft mir noch das Wasser im Mund zusammen, wenn ich daran denke. Ich sehe immer noch den Kramer, wie er das nasse Kraut in die Milchkanne stopfte. Ich mochte schon damals das Kraut und bin bis heute ein leidenschaftlicher Liebhaber von frischem Sauerkraut geblieben!

Mit der bis zum Rand mit dem herrlichen Sauerkraut gefüllten Milchkanne begab ich mich wieder auf den Heimweg. Ich hatte es nicht eilig, blieb ab und zu stehen, entnahm der Kanne mit den Fingern einen Mundvoll der Köstlichkeit, schleuderte sie dann, etwas leichter geworden, um meine Schulter, ohne etwas zu verlieren. Bis ich zu Hause war, bleib ich noch drei bis vier Mal stehen und naschte wiederholt vom saftigen Kraut.

Zu Hause angekommen war die Milchkanne, ursprünglich bis zum Rand gefüllt, nur noch zu zwei Drittel voll. Als Oma das sah, schlug sie die Hände übern Kopf zusammen: „Das ist ja viel zu wenig, wie sollen mit diesem wenigen Kraut vier hungrige Mäuler satt werden!“ Ohne dabei rot zu werden, log ich: „Der Kramer hat mir nicht mehr gegeben!“
Omas Reaktion: „Da musst du noch mal die gleiche Menge holen!“

Folgsam, ohne schlechtes Gewissen, machte ich mich also zum zweiten Mal auf den Weg zum Kramer.
Der sah mich etwas verwundert an. Als ich ihm die leere Milchkanne reichte, flunkerte ich erneut, wieder ohne rot zu werden: „Der Oma war es zu wenig!“ Der brave Mann füllte also wieder die Kanne, meinte es besonders gut, presste mit seinem Holzlöffel das Kraut in der schon vollen Kanne zusammen, dass noch ein voller Löffel hineinpasste. Mit der übervollen Kanne machte ich mich ein zweites Mal auf dem Heimweg.
Jetzt hatte ich ein Problem: Um meinen Schwindel bei Oma nicht auffliegen zu lassen, durfte ich die Kanne wieder nur zu zwei Drittel gefüllt nach Hause bringen!
Obwohl ich schon vom ersten Gang her ziemlich satt war, stopfte ich weitere Portionen der Köstlichkeit in meinen schon leicht geblähten Bauch und schleuderte wieder die langsam leichter werdende Kanne um meine Schulter.
Oma war zufrieden mit der auch dieses Mal nur zu zwei Drittel gefüllte Kanne, die ich zurückbrachte; ich war auch zufrieden mit meinem unentdeckt gebliebenem Schwindel.

Aber: Lügen haben bekanntlich *kurze Beine*!
Ein Glück, dass ich schon damals lange Beine hatte. Die brauchte ich auch die nächsten zwei Tage, um immer, gerade noch im letzten Moment, das außerhalb des Wohnhauses stehende Holzhäuschen, mit dem Herzen in der Tür als Guckloch, zu erreichen. Mir war hundeelend. Um die Nase herum war ich schon nicht mehr nur blass, sondern weiß und grün! Meine Mutter wollte schon den Doktor holen, die natürlich nicht die Ursache meiner *Magen- und Darmgeschichte* kannte!

Nach zwei Tagen war meine *Erkrankung* so schnell, wie sie mich befallen hatte, auch wieder verschwunden. Meine Gesichtsfarbe hatte wieder den von Sonne, Wind und Regen gefärbten Ton zurückbekommen. Ich hatte wieder guten Appetit, aß für zwei, hatte ja einen Nachholbedarf! Die

Familie war auch wieder erleichtert und glücklich, Peter, der Jüngste, war ja wieder gesund!
Trotz dieser Geschichte, oder vielleicht gerade deshalb, blieb ich bis ins hohe Alter, bis zum heutigen Tag, ein Fan von frischem Sauerkraut!

Peter, wenn es dunkel wird ...

Es war Anfang der 50er Jahren, wenige Jahre nach dem schrecklichen 2. Weltkrieg.
Meine Mutter, Alleinerziehende von zwei Jungen, meinem Bruder, zum Zeitpunkt der Geschichte 16-jährig und ich 12 Jahre alt, wurde beruflich im Staatsdienst von Starnberg am See nach München versetzt. Sie war Alleinverdiener der vierköpfigen Familie, zu der noch meine Oma gehörte. Bevor ich morgens von Oma geweckt wurde, um rechtzeitig zur Schule zu kommen, war sie schon lange zur Arbeit unterwegs und kam erst nach 19:00 Uhr wieder zurück, als es im Herbst schon dunkel war.
Meine Mutter war eine absolute Autoritätsperson; musste sie auch, sie übernahm ja auch zusätzlich noch die Rolle des Vaters, der im Krieg geblieben war. Spätestens nach einer zweiten Ermahnung gehorchte ich. Nein, körperliche Züchtigungen, wie Ohrfeigen oder Rutenschläge gab es bei ihr nicht. Eine Backpfeife wegen Ungehorsam wäre nicht so schlimm gewesen, hätte ich schnell weggesteckt. Mutters *Strafenkatalog* war in meinen Augen viel grausamer, traf mich viel härter und hatte eine gewisse Langzeitwirkung. Fahrradfahren oder Fußballspielen zu verbieten für ein bis zwei Wochen, je nach Schwere meiner Verfehlung, erzielte meistens bei mir die gewünschte Wirkung. Seltsamerweise wurde mein älterer Bruder nie *Opfer* von Muttis Strafmaßnahmen. Folgsamer als ich war er sicher auch nicht! Aber er war schon in einem Alter, in dem Mütter kaum noch Einfluss auf die Erziehung ihrer flügge werdenden Jungen nehmen können.

Aus Sorge vor möglichen körperlichen oder moralischen Schäden hatte ich einer Anordnung absolut Folge zu leisten: „Peter, wenn es dunkel wird, bist du zu Hause!“

Diskussionen darüber gab es nicht! Mein Bruder und ich gingen altersbedingt getrennte Wege, jeder hatte seinen eigenen Freundeskreis.
Tagsüber, nach der Schule und nach von Oma bereiteten Mittagessen, traf ich mich mit einigen Gleichaltrigen auf der benachbarten Wiese zum Fußballspiel. Schulaufgaben erledigte ich am nächsten Tag vor Unterrichtsbeginn, oder oft auch gar nicht. Ermahnungen meiner Oma waren in den Wind geschrieben.

Nicht weit von unserer Wohnung gab es eine kleine Parkanlage. Dort traf ich häufig auf eine Gruppe von Mädchen und Jungen, die alle ein bis drei Jahre älter und reifer waren als ich. Ich war zwar nicht gleichrangig in der Gruppe, aber doch als *der Kleine* geduldet, jedoch nur zum Zuhören, ohne mich an den Gesprächen beteiligen zu dürfen. Über was in der Gruppe gesprochen wurde, verstand ich nicht; lauter unbekannte Ausdrücke wurden ausgetauscht und anschließend heftig gekichert.
Manches Mal küssten sich auch ein Mädchen und ein Junge, aber ganz anders, als ich das Küssen kannte. Auch fassten sie sich an bestimmten Körperstellen, was die Mädchen mit quieken und die Jungen mit einem *Au, ja* quittierten. Wie gesagt, über was sie sprachen, verstand ich nicht. Ich fand es jedoch sehr interessant und spannend, vergaß dabei die Zeit und dass es schon lange dunkel geworden war.
Zu Hause war meine Mutter schon lange vom Dienst wieder zurück und ich erfuhr eine *letzte* Warnung: „Peter, ich hab dir schon x-mal gesagt, wenn es dunkel wird, bist du zu Hause, oder willst du das Fahrradfahren riskieren?" Natürlich vergaß ich auch die letzte Mahnung. Irgendwie schaffte ich es in den nächsten Tagen aber doch, vor meiner Mutter zu Hause zu sein.

Eines Tages traf ich wieder auf die Gruppe der Mädchen und Jungen im Park. An diesem Abend drehte sich das

Gespräch um *Kinder machen* und *Kinder kriegen.* Auch hier verstand ich nur die Hälfte der Diskussion, fand aber das Thema äußerst interessant und folgte den kichernden Worten der Mädchen und den grinsenden Antworten der Jungs voller Aufmerksamkeit und mit vor Neugierde weit geöffnetem Mund. Ich fand das, was ich hörte, wahnsinnig spannend und es regte meine Fantasie stark an. Ich vergaß die Uhrzeit und dass es schon lange dunkel geworden war. Plötzlich, ohne Ankündigung, wie aus dem Nichts, stand meine Mutter inmitten der Gruppe der feixenden und lachenden jungen Leute! Mit einer nicht lauten, dennoch beißenden, völlig verfremdeten, der sonst so vertrauten Stimme, mit der man hätte Eisblöcke schneiden können, hörte ich sie: „Peter!“
Alleine von der Anrede lief es mir eiskalt den Rücken hinunter.
„Peter ich habe dir schon hundertmal gesagt, wenn es dunkel wird, bist du zu Hause; jetzt komm mit, sofort!“
Wie der berühmte begossene Pudel und mit hängendem Kopf schlich ich meiner Mutter nach, in Erwartung eines heftigen Donnerwetters und eines längeren Fahrradfahrverbots. Aber zu Hause angekommen erfolgte keine weitere Sanktion meiner Mutter, außer ein kaltes *Gute Nacht*, ohne den üblichen Gutenachtkuss.

In der Nacht schlief ich unruhig, in der Schule bekam ich einen Rüffel wegen Unaufmerksamkeit. Immer wieder musste ich an den Abend denken, wenn meine Mutter nach Hause kommt und mich eine verspätete Bestrafung erwartet. Am Nachmittag verhielt ich mich fast mustergültig. Ausnahmsweise erledigte ich meine Schulaufgaben gewissenhaft. Ich verzichtete auf das Fußballspielen und auch auf das Treffen mit den anderen im Park. Ich half sogar meiner Oma die Wäscheleine zu spannen, und die gewaschene Wäsche zum Trocknen aufzuhängen.

Dann kam meine Mutter vom Dienst. Sie begrüßte uns wie üblich und mich auch mit einem Kuss. Den ganzen Abend war ich vor Neugier wie ein Bogen gespannt. Aber es kam nichts; kein Donnerwetter, keine Strafe. Ich wartete vergebens, keine Reaktion meiner Mutter. Sie gab mir sogar den üblichen Gutenachtkuss.

Der nächste Tag verlief ähnlich. Kein böses Wort seitens meiner Mutter, keine Strafe. Ich atmete auf, sie hatte wohl den Vorfall vergessen. Das war aber ein Irrtum! Sie konnte sich sehr wohl an den Abend im Park erinnern. Sie verzichtete jedoch bewusst auf meine Bestrafung. Sie wusste, die eigentliche Strafe würde mich noch erreichen und schlimmer treffen als eine Maßnahme aus ihrem Strafenkatalog. Nur, ich ahnte noch nichts davon!

Die nächsten Tage verliefen wie üblich. Die Noten in der Schule wurden nicht besser, Hausaufgaben erledigte ich wie gewohnt am nächsten Morgen kurz vor Unterrichtsbeginn. Nachmittags spielte ich wieder Fußball auf der benachbarten Wiese.
Und ich ging auch wieder am Spätnachmittag zu meiner Gruppe im Park. Nach mehreren Tagen Abwesenheit wurde ich fast herzlich begrüßt.
„Na, unser Kleiner ist wieder da, das freut uns aber ganz besonders!“
Das Thema des Tages war diesmal, *wer mit wem* und auch zu diesem Thema konnte ich mangels Erfahrung nichts beitragen. Dann aus heiterem Himmel und ausgerechnet von meiner Favoritin unter den Mädchen: „Peter, du musst nach Hause, es wird gleich dunkel!“
Tatsächlich waren es noch mindestens zwei Stunden bis Sonnenuntergang. Die Mädchen kicherten, die Jungen grinsten schadenfroh und ich wurde puterrot vor Scham!
Die nächsten Wochen wiederholten sich die Sticheleien; ich wurde immer wieder rot vor Scham. Das Schlimmste dabei war, ich wurde noch weniger ernst genommen als

vorher, durfte mich immer noch nicht an den so wichtigen Gesprächen beteiligen und meine Favoritin unter den Mädchen war die Anführerin der Sticheleien gegen mich.
Schließlich wurde es der Gruppe zu langweilig, immer nur mich zu hänseln und sie suchte sich ein neues Opfer, das aber nicht anwesend und mir auch nicht bekannt war.
Meine Mutter war zufrieden. Die nächsten Wochen hielt ich mich an ihre Ermahnung: „Peter, wenn es dunkel wird, ..."
Sie musste mich nicht eigens für meinen Ungehorsam bestrafen. Wie sie mich vor meinen Freunden der Gruppe blamiert hatte, reichte ihr aus. Sie rechnete als erfahrene Frau damit, dass die *Bestrafung* der Gruppe mich schlimmer treffen würde, als ihre Höchstmögliche.

Kater Max und Moritz

Die Geschichte, die ich hier wiedergebe, ist schon einige Jahre her, wenn ich ehrlich bin, schon einige Jahrzehnte. Wie alt ich damals war, weiß ich nicht mehr so genau, vielleicht so zehn bis zwölf. Wir lebten am Rande einer Großstadt in einem vierstöckigen Wohnblock.

Wir, das waren meine Mutti, alleinerziehend – mein Vater kam aus dem Krieg nicht mehr zurück –, mein vier Jahre älterer Bruder und ich. Mein Zuhause war eine Dreizimmerwohnung im ersten Stock. Wir hatten eine große Küche, in der sich unser Familienleben abspielte, die auch als Ess- und Wohnzimmer genutzt wurde. Mutti schlief in einem winzigen Raum und mein Bruder und ich teilten uns das größte Zimmer.

Als Ernährerin der kleinen Familie arbeitete meine Mutti den ganzen Tag in einer Behörde in der Stadt, verließ die Wohnung schon früh am Morgen, nicht ohne mich zu ermahnen, meine Hausaufgaben ordentlich zu machen und nichts anzustellen, und kam erst gegen Abend wieder zurück. Mein älterer Bruder hatte seinen eigenen Freundeskreis und so blieb ich außerhalb des Schulunterrichts mir selbst überlassen. Kein Junge in meinem Alter verbringt Stunden in der Wohnung und verplempert wertvolle Zeit mit Schularbeiten. Dafür bekam ich immer im Halbjahreszeugnis, *der Beleidigung des Jahres,* die Quittung: *Peters Versetzung ist stark gefährdet!* Irgendwie bekam ich trotzdem immer wieder die Kurve und vermied eine Ehrenrunde!

So schloss ich mich einer Gruppe Jungen aus der Nachbarschaft an, die alle zwei, drei Jahre älter waren als ich und mich als *der Kleine* in ihrem Kreis duldeten. Die Freundschaft mit den Älteren brachten mir wertvolle Vorteile. Sie beschützten mich bei Raufereien mit Gleichaltrigen, war bei besonderen Streichen immer beteiligt, was sich auch in meinen Betragensnoten niederschlug und ich lernte und hörte Dinge, die mir bis dahin völlig unbekannt waren. Und ich erfuhr von einem anderen Geschlecht, das es angeblich geben sollte, das ich bisher nur als *die doofen Mädchen* kannte.

Eines Tages langweilte sich die Gruppe, keiner hatte eine Idee, wem man einen Streich spielen sollte und was für einen Unsinn wir unternehmen könnten. Einer fing mit der Diskussion an: *Wenn ich groß bin, bekomme ich einen Hund.*
„Ich auch, ich auch, ich will auch einen Hund," erwiderten die anderen.
„Und du, unser Kleiner?", war die Frage an mich gerichtet. Ich weiß nicht mehr, was mich dazu bewogen hat, war es einfach nur Opposition, wollte ich den Großen zeigen, dass ich auch eine eigene Meinung habe und gleichrangig zu ihnen gehöre, jedenfalls antwortete ich mutig: „Und ich bekomme eine Katze, ein kleines Kätzchen!" Zuerst stilles Erstaunen rundum, dann brach das Geschrei und Gelächter los: „Unser Kleiner will eine Katze, na pass mal auf, dass unsere Hunde dein Kätzchen nicht zum Frühstück zerlegen und verspeisen!" Ich blieb trotz des Spottes der Runde eisern bei meinem Entschluss: „Ich will ein Kätzchen!" Damit war meine Liebe zu Katzen geboren.

Schon am nächsten Wochenende wollte ich mein Vorhaben umsetzen und bettelte immer wieder: „Ich will ein Kätzchen!"
Natürlich hatte meine Mutti eine Menge Argumente gegen eine Katze. Nicht eigentlich gegen so einen süßen Haustiger, vielmehr gegen seine Haltung und Betreuung durch mich.
„Du musst für sie sorgen, immer schauen, dass sie genügend zu trinken und zu fressen hat, das Katzenklo jeden Tag säubern und wenn sie mal krank ist, musst du von deinem Taschengeld auch noch den Tierarzt bezahlen.

Kein Argument konnte mich abhalten, da war ich hartnäckig und schon eine Woche darauf zog ein winziges Etwas, ein bunt geschecktes Wollknäuel bei uns ein. Viel Fantasie bei der Namensvergabe bewies ich nicht. Zuerst *Miezi*, aber als sich herausstellte, dass es ein kleines Katerchen war, rief ich dann ihn *Motz*. Die nächsten Wochen und Monate hielt ich mich exakt an die Pflegeanweisungen meiner Mutti und das Kerlchen wuchs und gedieh. So viel Kratzer an meinen Händen hatte ich noch nie, selbst nicht nach schlimmen Raufereien.

Nach dem Abendessen las meine Mutti immer die Zeitung, die sie aus dem Büro mitbrachte und mindestens schon drei Leser hinter sich hatte.
Das arme Mädchen und nach einer Weile *und das arme Kätzchen,* war der Kommentar zu einem Bericht, den sie gerade

gelesen hatte. Beim Begriff „Kätzchen“ wurde ich hellhörig und neugierig. Im Lokalteil des Blattes war eine Geschichte über ein kleines Mädchen erschienen, das wegen einer schweren Erkrankung im Rollstuhl leben musste. Die einzige Lebensfreude hatte sie an einem vierfarbigen Kätzchen, das jetzt entlaufen war. Die Kleine war todtraurig und wurde noch kränker als es schon war. Der Vater des Mädchens setzte eine Belohnung für den Finder ihres Lieblings aus.

Diese Geschichte rührte mich, ich war wie elektrisiert. War es der ausgelobte Finderlohn, hatte ich Mitleid mit dem Mädchen oder dem Kätzchen, oder von allem etwas. Ich beschloss für mich: *Du musst das Kätzchen finden!*

Der Zufall half mir. Hatte ich doch am Tag vorher, als ich mal ohne meine Freunde durch die Gegend streunte, etwas beobachtet, das ich jetzt mit der Geschichte des verloren gegangenen Kätzchens in Verbindung brachte. Ich hatte gesehen, wie eine kleine Katze, vierfarbig wie in dem Zeitungsbericht beschrieben, offensichtlich an den hinteren Läufen stark verletzt und blutend, durch den Zaun auf das Grundstück des Tischlermeister Müller – den richtigen Namen habe ich lange vergessen –, schlüpfte und hinter einem der zahlreichen Holzschuppen hinkend verschwand. Das musste das Kätzchen gewesen sein!

Gleich am nächsten Tag, nach der Schule, lief ich zum Anwesen des Tischlers. Nachdem ich niemanden sah, kletterte ich einfach über das verschlossene Tor und lief in Richtung der Schuppen. Ich hatte noch keine zehn Schritte getan, als ich von einer festen Hand am Nacken gepackt und herumgerissen wurde. Vor mir der Tischlermeister in seiner ganzen Größe, das Gesicht vor Zorn rot angelaufen und schrie mich an: „Was hast du hier zu suchen, du Rotzlöffel?“

Dann zerrte er mich durch das inzwischen geöffnete Tor auf die Straße, deutete auf ein großes weißes Schild mit

feuerroten Buchstaben und herrschte mich an: „Kannst du nicht lesen?“
Ich murmelte etwas vor mich hin.
„Lies, lies laut, ich kann dich nicht verstehen.“
Ich nahm meinen ganzen Mut zusammen.
„Zutritt verboten, Eltern haften für ihre Kinder!“
Dann versetzte mir der Grobian einen Stoß.
„Verschwinde schleunigst, beim nächsten Mal zieh ich dir die Löffel lang und verdresche dir deinen Hintern“, nein, er sagte tatsächlich „deinen Arsch, dass du nicht mehr sitzen kannst.“
Vor Zorn kullerten mir Tränen die Wangen herunter. Der Meister hatte nicht einmal gefragt, was ich auf seinem Grundstück suchen wollte. Was ich damals noch nicht wusste, war, in die Tischlerei war Wochen davor eingebrochen und Feuer gelegt worden.
Deshalb war der Müller, der in Wirklichkeit anders hieß, so wütend, er dachte wohl, ich gehöre zu den Einbrechern und würde einen neuen Versuch unternehmen.
Schnell lief ich nach Hause, wühlte in den alten Zeitungen bis ich den Bericht mit dem verloren gegangenen Kätzchen gefunden hatte, riss die Seite heraus und rannte wieder zurück zur Tischlerei. Dieses Mal blieb ich vor dem Tor stehen, drückte lange auf die Klingel, bis der Meister wieder erschien.
„Was willst denn du schon wieder hier?“
Ich wedelte mit dem Stück Zeitung. „Hier, lesen Sie mal, dann wissen Sie, was ich hier gesucht habe.“ Je länger er las, umso freundlicher wurde sein Gesicht.
„Du wolltest wohl das Kätzchen suchen, das sich vielleicht hier versteckt hat?“
Ich nickte nur.
„Komm, wir suchen gemeinsam nach dem kleinen Tiger.“
Jetzt war mir der Müller, oder wie er sonst hieß, plötzlich sehr sympathisch. In einem der Schuppen, in einer finsteren Ecke, auf einem Stapel leerer Kartoffelsäcke fanden

wir die Kleine. Sie hatte wohl Schmerzen, ließ sich nicht anfassen. Der Tierarzt, den übrigens der Müller bezahlte, verpasste der Kleinen eine Spritze.
„In ein paar Tagen ist die Kleine voll gesund und kann wieder auf Mäusejagd gehen."

Über die Redaktion der Zeitung erfuhren wir die Anschrift des Mädchens im Rollstuhl. Der Müller, oder wie er sonst hieß, ließ mich alleine hingehen. Das war eine Riesenfreude, als ich dem Mädchen, sie hieß übrigens Sofie, das Kätzchen in ihren Schoß legte. Sie strahlte übers ganze Gesicht und schien nicht mehr allzu krank zu sein. Ich musste mich zu ihr im Rollstuhl beugen und bekam mit einem *herzlichen Danke* einen festen Kuss auf die Wange. Gut, dass es niemand sehen konnte, ich war rot vor Verlegenheit, Scham oder auch vor Stolz.
„Magst du auch Katzen?"
Ich nickte.
„Hast du auch eine?"
Wieder nickte ich.
„Wie heißt denn deine? Meine heißt Moritz."
Es dauerte drei Sekunden, dann hatte ich meinen Motz, er hat es mir verziehen, umgetauft: „Max!"
Jetzt begann ein Freudengeheul: „Zwei Katerchen, Max und Moritz, ach, wie schön." Und ich bekam noch ein Küsschen.

Die nächsten Tage vermissten mich meine älteren Freunde, ich hatte etwas Besseres vor: Ich besuchte Sofie und Moritz, fast jeden Tag, beiden ging es auch von Tag zu Tag besser, Moritz tollte schon wieder in der Wohnung herum. Der Fund des verloren gegangenen Kätzchens muss sich wohl herumgesprochen haben. Eines Tages erschien ein Mann von der Zeitung und machte von Sofie und mir ein Foto, das mit meiner kleinen *Heldengeschichte* am nächsten Tag erschien. Dazu ein Foto mit zwei Kätzchen, die in der Zeitung zwar auch Max und Moritz hießen, aber den *echten* überhaupt nicht ähnlich sahen. Von der Zeitung erhielt ich drei Bücher geschenkt, *Winnetou* von Karl May, alle drei Bände. Sofies Vater belohnte mich mit einem Geldschein mit drei Zahlen in einem Sparbuch und einem wertvollen Füllfederhalter, den ich zwar nie benutzte, aber stolz herumzeigte, wenn ich die Geschichte von Max und Moritz, den beiden Katern, erzählen musste. Am meisten habe ich mich über Sofies Vater gefreut. Als er mir das Sparbuch und den Füller schenkte, sagte er: „Deine Besuche tun meiner lieben Sofie sehr gut, ihr geht es immer besser, bald muss sie nicht mehr im Rollstuhl sitzen. Du kannst sie immer, so oft du willst, besuchen, ich glaube, sie sieht dich auch ganz gerne!“

Was ich auch liebend gerne machte. Ich muss es gestehen: Sofie war meine erste Liebe, sie wusste es aber nicht und ich traute mich auch nicht, ihr es zu sagen. So knüpften die Kater Max und Moritz eine lange und tiefe Freundschaft, bis das Leben andere Wege für uns vorsah.

Vierzig werden ist sehr schwer!

Damit Leser sich besser in das Geschehen hineindenken können, einige zusätzliche Informationen:
Die Heldin dieses Romans ist auch die Autorin, namens Anna Stolle, von Beruf Wirtschafts- und Kriminaljournalistin und zum Zeitpunkt der Geschichte in mittleren Jahren. Sie lebt seit Jahren in einer Verbindung ohne Trauschein mit dem Direktor einer Großbank zusammen. Um sich die Unabhängigkeit zu bewahren, haben beide ihren Wohnsitz behalten, sie in ihrem viel zu großen Elternhaus und er in einer ebenfalls viel zu großen Etagenwohnung. Ursprünglich war „Sprit sparen" ein Argument, später „nicht mit Alkohol im Blut nach Hause fahren", ein anderes. Sie richteten deshalb jeweils für den Partner in ihrem Domizil eine „Einliegerwohnung" ein. Die Praxis erwies viel mehr Vorteile als die schon genannten. Die Wahrheit war: Sie lebten zusammen, abwechselnd bei ihr oder bei ihm.
Anna nennt ihren Lebenspartner „EVA", aber nur wenn sie alleine sind. EVA fürchtet natürlich um seinen Ruf als Mann, wenn der Name öffentlich wird. Im Beisein anderer und in Gesellschaft nennt Anna ihren EVA daher immer nur „Liebling" oder „Schatz".
Aber warum EVA? Nach Annas Empfinden hat EVA „schauderhafte" Vornamen. Zu seinem simplen Familiennamen Winkler passten diese Vornamen

***E**usebius*
***V**itus*
***A**madeus*

überhaupt nicht! Mit keinem dieser Namen konnte sie sich anfreunden. Also „erfand" sie einen neuen, bestehend aus den Anfangsbuchstaben seiner eigentlichen Vornamen und herauskam: „EVA"! Was sich noch schlimmer bei ihm anhörte, als seine persönlichen Vornamen!
Und noch eine kleine Information muss der Leser wissen. Anna hat eine gleichaltrige Sandkastenfreundin: Susi; die eigentlich Susanna heißt, die vor ca. sieben Jahren mit ihren beiden Kindern über ein

Jahr in Annas Haus „gehaust" hatte. Beide haben sich mehrere Jahre nicht mehr gesehen.
So, jetzt sind wir mitten in dieser Geschichte:

Hoffentlich bin ich nicht zu indiskret, wenn ich mich mit einer eher delikaten Frage an meine Geschlechtsgenossinnen *jenseits* oder ist die richtige Formulierung „diesseits" der Vierzig wende; um keine Missverständnisse aufkommen zu lassen: ich meine die Generation *Ü-Vierzig*! Hatten Sie eigentlich auch so große Probleme wie ich, vierzig zu werden und diesen neuen Lebensabschnitt anzunehmen? Dieses psychische Tief dauerte bei mir nahezu drei Jahre, angefangen von meinem 39. bis zum 42. Geburtstag. Mit der 39 verfiel ich in Panik! Ich sah mich schon im Vor-Vorruhestand, als Frau nicht mehr interessant, nicht mehr begehrenswert, als Arbeitskraft ja, als Frau, als weibliches Wesen mit allen dazugehörenden Träumen, nein! Ich versuchte, mit allen Mitteln, die 39 zu erhalten! Ich besuchte Kosmetiklehrgänge, war fast Stammgast in allen einschlägigen Geschäften, stand und saß stundenlang vor Spiegeln, probierte tausend und mehr Mittelchen gegen das Altern der Haut, zum Glätten der Falten aus, ich suchte nach grauen Haaren. Ich fiel auf die Komplimente der geschulten Verkäuferinnen herein: „Sie sehen aus wie Mitte zwanzig, Ihre 35 sieht man Ihnen nicht an, mit diesem Aussehen werden Sie sich vor jungen Männern nicht mehr retten können", und noch viel mehr. Von dem Geld, das ich für den Besuch in Schönheitssalons und für diese Schönheitspräparate ausgab, hätte so manche Familie ihren gesamten Monatsunterhalt bestreiten können. Einmal hatte ich mich übers verlängerte Wochenende in voller Erwartung und Hoffnung in eine sogenannte *Schönheitsfarm* begeben. Den „Erfolg" suchte ich vierzehn Tage lang im Spiegel; vergebens!
Dann die Kleidung: Es gab wohl kaum eine Boutique oder auch Kaufhaus im Umkreis von 50 Kilometern mit der

Abteilung *Junge Mode,* die ich nicht *heimgesucht* hätte. Wie viele Stunden ich dort verbrachte, hätte sicherlich für einen vierwöchigen Urlaub gereicht. Und immer wieder fiel ich auf die schmeichelnden Komplimente der geschulten Models und Verkäuferinnen herein und ließ mich liebend gerne *überzeugen:* „Für den Künstler, der dieses Kunstwerk geschaffen hat, müssen Sie Model gestanden haben!" Oder: „Mit diesem Hauch von Kleid, sind Sie bei der Wahl zur *Miss Germany* unschlagbar."
Ein Mensch mit Verstand hätte sich verarscht gefühlt und den Laden wütend verlassen. Ich nicht, ich war geschmeichelt, drehte mich wie ein hoch bezahltes Model gekonnt vor den Spiegeln hin und her, betrachtete mich wie ein Teenager bei der Anprobe des Hochzeitskleids oder des Babydolls für die Hochzeitsnacht. Wochenlang schleppte ich Tüten voller sündhaft teurer Modelle nach Hause, großvolumige Pakete lieferte fast täglich mein Postbote. Dass er mich dabei fragend ansah, stört mich nicht, im Gegenteil ich wertete seine Blicke als Kompliment!
Und mein Aussehen? Damit konnte ich noch zufrieden sein. Dank des vielen Sports in der Jugend, meiner meistens gesunden Ernährung, des heutigen Tennisspielens mit Eva und besseren Spielern, Langstreckenschwimmen dreimal in der Woche, zeigte meine Figur an den *wichtigsten* Stellen noch keine Ermüdungen, oder besser gesagt, noch keine Erschlaffungen, keine Falten. Mein Po war immer noch knackig, wenn ich Eva glauben konnte, und meinen Busen, der noch nie eine Übergröße benötigte, konnte ich ohne BH auch jetzt noch, unter ziemlich durchsichtigen Blusen den gaffenden Männern und neidischen Blicken meiner Geschlechtsgenossinnen präsentieren. Schönheitschirurgen verdienten bis dahin keinen Euro an meinen Körper.
Ein Glück, dass ich noch Eva an meiner Seite hatte. Ja tatsächlich, ich wunderte mich selbst über meine Beständigkeit: Eva gab es nach wie vor, wir waren immer noch ein

getrenntlebendes Paar mit eigenem Wohnsitz, um die Unabhängigkeit zu wahren, jeweils mit einer *Einliegerwohnung* im Domizil des Anderen. Ich war etwas überrascht: Eva, der Sanftmütige, ruhende Pol, immer nachgebend, der jeden Streit bisher aus dem Weg gegangen war, ausgerechnet Eva brachte mich mit ungewöhnlichen, für mich teilweise schmerzhaften Maßnahmen zur Vernunft. Er war noch nie ein Freund davon, mit mir Klamotten einzukaufen, das ging entschieden über seine Geduldsgrenze. In der ersten Zeit unserer Verbindung ging er immer schön brav mit, half mir bei der Auswahl, beugte sich schließlich meistens meiner Entscheidung. Die Schlüsselszene spielte sich in einer italienischen Schuhboutique ab. Als mir die schon vor Anstrengung und Stress schweißgebadete Verkäuferin das elfte Paar hochmoderner Pumps offerierte und anprobierte, lehnte ich erneut ab. Das war jetzt selbst Eva zu viel, ich hatte seine Schmerzgrenze eindeutig überschritten. Mit einer eisigen Miene und noch kälterer Stimme meinte er: „Mein Schatz, wolltest Du wirklich ein Paar Schuhe kaufen, oder gehen wir lieber doch nach nebenan und sehen uns die neuesten Hutkreationen an?"

Ohne ein weiteres Wort zu verlieren, war er aufgestanden und hatte den Ort meiner anfänglichen Begierde verlassen. Ich hatte Mühe ihm zu folgen, musste ja noch meine eigenen Schuhe wieder anziehen und mich von der tapferen Verkäuferin verabschieden. Auf der direkten Heimfahrt, ohne Zwischenstopp beim Hutmacher, wechselten wir kein Wort, auch der Abend danach war zum Vergessen! Am nächsten Morgen wachte ich in seinen Armen auf und kuschelte mich ganz eng an seine Brust. Der Vorfall vom Vortag wurde jetzt und in Zukunft nie mehr diskutiert. Lediglich Eva hatte daraus seine Konsequenzen gezogen: Nie wieder begleitete er mich beim Klamottenkauf!
Und jetzt zeigte er mir, sonst als Weichei verschrien, dass er derjenige war, der tatsächlich in unserer Verbindung die

Hosen anhatte. Zum Glück war das nächste Wochenende total verregnet. Wir blieben zu Hause, bei mir. Schon am Vortag war ich leicht irritiert, als der Fahrer eines Transportunternehmens einen dicken Stoß zusammengefalteter Umzugskartons anlieferte; in Evas Auftrag. Jetzt am Samstagvormittag nach einem ausführlichen Frühstück im Bett, ahnte ich, wofür die Kartons gedacht waren. Eva zwang mich regelrecht unter Androhung der schlimmsten Konsequenzen, meine Kleiderschränke aufzuräumen, nein er sagte tatsächlich *ausmisten*. Er verlangte von mir, jedes zweite Kleidungsstück in die bereitgestellten Umzugskartons zu packen. Zuerst protestierte ich energisch gegen diesen brutalen Eingriff in meine Privatsphäre. Als ich mich sträubte und heulend auf die Coach warf, zeigte er sich mitleidslos. Er selbst ging an meine Schränke und begann mit dem Ausmisten. Wahllos griff er sich einige Teile, natürlich die allerbesten, die neuesten, die teuersten. Das konnte ich nicht mit ansehen, also wählte ich selbst die Teile aus, von denen ich mich am ehesten trennen konnte.
„Du tust dich viel leichter, wenn du dir einige Fragen stellst, bevor du dich entscheidest“, meinte er mit einem schulmeisterlichen Unterton.
„Nimm jedes Teil in die Hand, prüfe es sorgfältig, wann habe ich es zum letzten Mal getragen, zu welchem Anlass, wann werde ich es wieder nutzen. Ist es noch modern?“, er machte dann eine kleine Kunstpause, holte tief Luft, „und prüfe, ob das Kleid, die Bluse, das Top, der Rock, die Hose nicht zu eng geworden ist, nicht mehr passt!“
Für diese Gemeinheit hätte ich ihn umbringen können!
Nach zahlreichen Protesten, Wutanfällen und Schreikrämpfen hatte ich den ersten Tag überstanden. Acht Umzugskartons hatte ich vollgepackt. Eva lobte mich wiederholt für mein Durchhaltevermögen und lud mich zu unserem Nobelitaliener zum Abendessen ein. War es der Valpolicella, der Grappa, oder meine physische und vor allem psychische Leistung des Tages, ich war schlagkaputt

und schlief die ganze Nacht wie ein Murmeltier. Eva war dagegen munter. Er hatte ja den ganzen Tag nichts gemacht, nur mich drangsaliert und schikaniert, dazwischen Kaffee und einige Bierchen getrunken. Der Alkohol beim Abendessen hatte ihn nicht ermüdet, sondern vielmehr angeregt. Wie er die Nacht ohne mich durchgestanden hatte, war mir egal. Ich musste ja schließlich den ganzen Tag leiden, und es war nur gerecht, dass er die Nacht über leidend verbringen musste.

Am nächsten Tag, wie schon gesagt ein verregneter Sonntag, ging meine Leidenszeit weiter. Jetzt waren meine Schuhschränke Evas Ziel. Meine Geschlechtsgenossinnen können mich sicher verstehen. Welche Frau trennt sich schon gerne und *freiwillig* von einem Paar lieb gewonnener Schuhe. Dann schon eher von einem Partner! Naja, so heftig auch wieder nicht, da habe ich wohl etwas übertrieben! Am Mittag waren zwei weitere Kartons der Umzugsfirma prall mit *überzähligen* Schuhen gefüllt. Dann die Überraschung: Eva zeigte mir die Kleider- und Schuhschränke. Nur noch halb voll und aufnahmebereit für meine neuen Errungenschaften. Mit dem Einräumen ging natürlich auch eine Besichtigung und Vorführung meiner modernen Kleidungsstücke im aktuellen Modetrend einher. Dass ich dabei – war es ein Versehen, Zufall oder pure Absicht –, die Päckchen und Tüten mit den klitzekleinen Teilchen und auch Dessous einräumen wollte, aber Eva auf eine Anprobe und Vorführung bestand, war es um seine Zurückhaltung geschehen.
Seinen Angriff hatte ich mir gewünscht, dass er aber so plötzlich, ohne Ankündigung, und auch noch hinter meinem Rücken kam, überraschte mich doch sehr. Dass ausgerechnet Eva, der Sanfte, der Romantiker, der sonst lange Vorspiele liebte, mich ziemlich brutal von hinten nahm, gerade noch schmerzfrei, auch nicht unangenehm, war eine bisher unbekannte Seite von ihm. Bei dem folgenden

Kampf auf dem Teppich vergaßen wir die herumliegenden neuen Klamotten, wobei auch einige einen Totalschaden abbekamen. Wie schon gesagt, es war ein verregneter Sonntag. Den Rest des Tages verbrachten wir im Bett und holten das nach, was wir in der vergangenen Nacht versäumt hatten!

Aber zum Thema *Klamotten* hatte Eva noch eine Gemeinheit parat. Er verlangte von mir, und das musste ich hoch und heilig versprechen, für jedes neue Teil, das ich mir gönnte, hatte ich ein anderes aus den Schränken *zu entsorgen*. Im Gegenzug versprach er, ab und zu bei meinen Shoppingausflügen dabei zu sein. Kleine Notlügen erlaubte ich mir später ab und zu. Übrigens: Die Umzugskartons mit den per Zwang *ausgemisteten* Teilchen und Pumps erhielt ein gemeinnütziger Verein zur Versteigerung zugunsten eines Waisenheims. Dass meine heiß geliebten Kleidungsstücke und Schuhe, allesamt sündhaft teuer gewesen, schließlich noch einem guten Zweck dienten, konnte mich über ihren Verlust kaum trösten!

Dass ich schließlich nach fast dreijährigem Kampf den Verlust meiner dreißiger Jahre akzeptieren und ich die Zugehörigkeit zu den *Ü-Vierzig* annehmen musste, *verdankte* ich einer Geburtstagsfeier. Wir hatten einige Freunde, Bekannte Geschäftspartner zu unserem Nobelitaliener eingeladen. Offizieller Anlass war mein 39. Geburtstag. Von den Anwesenden, außer Eva, war Niemandem bekannt, dass ich diesen Tag schon zum vierten Male feierte. Nur eine der anwesenden Damen meinte bei ihren Glückwünschen etwas spitz: „Meine Liebe, haben wir nicht schon letztes Jahr deinen 39. gefeiert?“

Eva bekam in der folgenden Nacht einen extra heißen Kuss für seine Hilfestellung: „Nein, nein, das war ihr 38.!

Nach einem Feinschmeckermenü wurde reichlich Alkohol getrunken, die Stimmung bei den Gästen stieg und wurde von mir noch zusätzlich angeheizt. So wie ich, muss wohl eine junge Frau ihren Abschied vom freien Junggesel-

linnenleben feiern, die am nächsten Tag zwangsverheiratet wird!
Als die Stimmung am Höhepunkt war, so mancher Gast schon etwas zu viel intus hatte, trat plötzlich eine elegante, nicht mehr ganz junge Frau neben meinem Platz. Ich hatte sie vorher im Lokal nicht gesehen und auch ihr Erscheinen nicht bemerkt. Als ich sie erkannte, sprang ich hastig auf, mein Stuhl fiel polternd um und machte erst die ganze Geburtstagsgesellschaft auf uns aufmerksam. Eva berichtete mir später, meine Gesichtsfarbe hätte mehrmals zwischen schneeweiß und blutrot gewechselt. Seit ihrem Auszug mit ihren zwei Gören aus meinem Haus und kürzeren Treffen danach, hatte ich sie nicht mehr gesehen, wir hatten uns aus den Augen verloren. Die letzte Begegnung lag bestimmt schon 6, oder 7 Jahre zurück. Susi, die eigentlich Susanne heißt, meine Sandkisten- und Jugendfreundin, hatte mir einen Todesschreck eingejagt. Sie umarmte und begrüßte mich lautstark wie früher auch schon: „Meine liebe Anna, wunderbar Dich wieder einmal zusehen“, dabei küsste sie mich links und rechts, sah sich kurz um, „störe ich hier vielleicht deine Feier?“ Dann nach einigen Augenblicken des Nachdenkens: „Ja natürlich, heute ist ja der 1. September, du hast ja heute Geburtstag“, dann trat sie einige Schritte zurück, musterte mich von oben bis unten, was aber jetzt folgte, vernahm ich nur noch halb in meiner Bewusstlosigkeit.
„Du hast dich aber sehr gut gehalten, wer dich nicht näher kennt, würde dich glatt für Mitte dreißig halten, nein wirklich, deine 42 sieht man dir nicht an!“
Wie die Feier endete, daran kann ich mich nicht mehr erinnern, will es auch gar nicht mehr!
Aber, am nächsten Tag war ich endlich in meinem neuen Lebensabschnitt und den *Ü-Vierzigerinnen* angekommen!

Inspector John Greens letzter Fall

Eine kleine Gruppe mit seinen engsten Freunden und Wegbegleitern hatte sich zu John Greens Abschiedsfeier im *Thousand Whiskys*, einer Insiderbar am Rande vom Saint-James-Park, zusammengefunden. Es war sein letzter Arbeitstag im berühmten Scotland Yard. Am nächsten Tag sollte Police Inspector Green offiziell verabschiedet werden. Zuerst war im Yard im Kreis seiner Mitarbeiter und Kollegen ein *kleines Breakfast* geplant, mit einer anschließenden Dankesrede vom Superintendenten Major Charles Darling sowie seiner Beförderung zum Police Superintendent, anschließend eine akademische Feier im großen Hörsaal der Polizeiakademie mit Verleihung eines der höchsten Orden, dem Royal Red Cross, und zum Abschluss ein Empfang im Rathaus der Stadt und einer Ehrung durch den Lord Mayor, dem Bürgermeister. Danach konnte Police Inspector John Green in den verdienten Ruhestand treten.

Wie viele der angebotenen tausend Whiskys sie getrunken hatten, war nur der Rechnung zu entnehmen. Den entgleisten Gesichtern, den lallenden Worten der Feiernden und den zahlreichen herumliegenden leeren Flaschen nach, waren es doch sehr viele, zumindest für manche aus der Runde, einige zu viele. Mit dem Glockenschlag des Barkeepers *last order* wurden schnell noch zwei Runden bestellt, die den halbwegs noch Nüchternen auch *den Rest* gaben.
Wie er nach Hause gekommen war, daran konnte er sich später nicht mehr erinnern. Nur Schuhe, Anzug und Fliege hatte er abgelegt und lag nun halb ausgezogen auf seinem Bett, mit einer halb vollen, besser gesagt halb leeren Flasche Glenfiddich Single Malt Scotch Whisky, die er noch vor einer Viertelstunde voll und original verschlossen im Kühlschrank vorgefunden hatte, in der Hand. Noch

einmal gingen ihm seine 45 Dienstjahre durch den Kopf. Er war mit sich und seinem beruflichen Werdegang bei der Polizei sehr zufrieden. Angefangen hatte er mit knapp zwanzig als Bobby und regelte den Straßenverkehr in Londons Innenstadt. Ein Police Inspector wurde auf ihn aufmerksam und holte ihn zum Scotland Yard. Hier wurde er den Abteilungen für Gewaltverbrechen zugeteilt, wo er sich mit einer hohen Aufklärungsquote schon bald einen Namen machte und die Karriereleiter nach oben stieg.
Diese wurde brutal beendet, als er vor fast zehn Jahren, bei einer Razzia von einem Taiwanesen angeschossen wurde, der sich seiner Festnahme wegen Drogenschmuggels widersetzte. John Green war privat in einem China Restaurant in Chinatown in der City of Westminster und ließ sich eine Peking Ente schmecken. Dabei richtete er seinen Blick zur Küche und beobachtete, wie der Exilchinese mehrere kleinere Plastikpäckchen aus dem Inneren einer gefrorenen Ente herausholte.
Die Schussverletzung war nicht lebensgefährlich. Die Kugel hatte jedoch seinen linken Oberschenkelknochen zerschmettert, sodass sein linkes Bein nach mehreren OPs und einer vierteljährigen Reha etwas kürzer war, als das rechte und er beim Gehen es leicht hinterherzog. In den vorzeitigen Ruhestand konnten ihn seine Vorgesetzten nicht versetzen, zu wertvoll waren seine Erfahrungen und seine Spürnase. Vom Außendienst wurde er in die Verwaltung gerufen und arbeitete als Berater für seine Kollegen. Zusätzlich folgte er einem Ruf zur Polizeiakademie, wo er Vorlesungen über die Bekämpfung von Gewaltverbrechen hielt. Mit diesen neuen Aufgaben zeigte er sich sehr zufrieden, war er doch unter vielen Menschen und konnte seine breitgefächerten Erfahrungen an junge, aufstrebende Beamte weitergeben. Aber es fehlte ihm etwas! Ein eigener Fall, in dem er von Anfang an eingebunden war, selbstständig ermitteln und zum Abschluss den Verbrecher eigenhändig seiner gerechten Strafe zuführen konnte. So

eine Aufgabe hatte er sich sehnsüchtig immer die letzten Jahre gewünscht – vergebens. Morgen war seine Laufbahn beendet, sein Polizeidienst abgeschlossen, ein neuer Lebensabschnitt als Ruheständler sollte beginnen; die letzte Chance auf einen eigenen Fall, dem Letzten in seiner Karriere, war vorbei! Aber er konnte sich diese wohlverdiente Zeit nicht vorstellen, ohne sich noch einmal einer solchen Sache zu widmen.

An seinen letzten Fall, vor seiner Verletzung, konnte er sich noch gut erinnern. An sich war es gar kein richtiger Fall; zumindest am Anfang noch nicht. Das Außenministerium hatte verfügt, alle tödlichen Unfälle von britischen Staatsbürgern, die im Ausland geschehen waren, näher zu untersuchen. So landete ein Stapel dünner Akten auch auf seinem Schreibtisch. Missmutig nahm er sich den obersten Hefter und überflog die drei Seiten seines Inhalts. Der schottische Großgrundbesitzer und Schafzüchter Erwin McAllister war mit seiner Ehefrau anlässlich deren Silberhochzeit nach Interlaken in die Schweiz geflogen. Bei einer Bergwanderung war die Frau auf glatten Steinen ausgeglitten und eine Felswand hinuntergestürzt. Die Verletzungen erwiesen sich so stark, dass die Verunglückte den Sturz nicht überlebte. Ein Arzt vor Ort stellte den Totenschein aus und vermerkte als Ursache, *Genickbruch als Folge eines Bergunfalls, ohne Fremdeinwirkung*, also ein ganz normaler Unfall, kein Anlass diesen Unglücksfall weiter zu verfolgen. Hellhörig wurde John Green erst, als er die Zeitungsausschnitte las, die bei den Unterlagen in der Akte lagen. Die Beisetzung der Verunglückten fand unter großer Anteilnahme der Bevölkerung in einem kleinen Dorf in der Nähe von Aberdeen statt. Alleinerbe ihres millionenschweren Vermögens war laut Testament ihr Ehemann, noch kein Anlass der Angelegenheit nachzugehen.
Die zweite Nachricht alarmierte ihn jedoch. Es war eine Vermählungsanzeige. Kaum drei Monate nach dem Tod

seiner Frau, heiratete Erwin McAllister erneut eine vermögende Großgrundbesitzerin. Jetzt läuteten die Alarmglocken. John Green klemmte sich hinter den Fall. Schon bald konnte er McAllister eines heimtückischen Mordes überführen.
Dieser hatte vor Antritt der Urlaubsreise in die Schweiz, anlässlich seiner Silberhochzeit, den Rückflug nach Aberdeen nur für eine Person, nur für sich, gebucht. John Green wurde für seinen Erfolg mit Glückwünschen überschüttet, befördert und erhielt als Auszeichnung einen Orden. So einen Vorgang hätte sich John Green zum Abschluss seiner Karriere beim Scotland Yard nochmals gewünscht.
Der Whisky hatte sein Opfer gefunden. Müde und fast volltrunken fielen seine Augen langsam zu, er begann fürchterlich laut zu schnarchen, die fast leere Flasche Glenfiddich rutschte zu Boden.

Police Inspector John Green stand am Rednerpult im großen Hörsaal der Polizeiakademie, hielt im voll besetzten Auditorium einen Vortrag und berichtete dabei über einen soeben abgeschlossenen Kriminalfall, zu dessen Lösung er maßgeblich beigetragen hatte. Im Gegensatz zu anderen Vorlesungen waren seine Zuhörer mäuschenstill und lauschten andächtig den Worten des bekannten Kriminalisten, der nicht nur äußerst spannend erzählen konnte, sondern von dessen Erfahrungen sie so viel wie möglich lernen wollten.

Das Verbrechen begann vor zweieinhalb Jahren. Der später überführte Täter Arthur Bright beabsichtige in das neunzig Meilen entfernte Whitehaven, wie jeden Monat einmal, zu fahren, um dort am nächsten Tag an einer Versteigerung einer Schiffsladung mit australischer Schafswolle teilzunehmen. An seinem Heimatort Barnard Castle löste er bei der Royal Britisch Railway Company ein Ticket nach Whitehaven über Appleby und Greystoke. Er nutzte den Zug um 16:15 Uhr und setzte sich in ein leeres Abteil. Bevor er über die morgige Versteigerung nachdenken konnte, hatte ihn das monotone Rattern der Bahnräder eingeschläfert.

Kurz hinter Appleby schreckte er auf. Die Abteiltür wurde aufgerissen und eine schlanke, hochgewachsene, bildhübsche, modern gekleidete, junge Frau, mit dem schönsten Hut auf dem Kopf, den er jemals gesehen hatte, trat in das Abteil und setzte sich ihm gegenüber. Als sie den Hut abgenommen hatte und sie sich ansahen, erschraken sie heftig. Sie erkannten sich. Die in Appleby zugestiegene junge Frau war Lady Margret-Elisabeth, geschiedene Bright, geborene Butterflower, seine Ehemalige, die ihre Tante Mildred auf Ghostcastle in der Nähe von Whitehaven besuchen wollte. Die Ehe der beiden war nach drei Jahren geschieden worden, nachdem ihm seine Angetraute Margret-Elisabeth auf die Schliche gekommen war. Er hatte sie nicht nur mehrmals betrogen, sondern auch große Teile ihres Vermögens mit Pferdewetten und beim Pokern verloren. Außer heftigen Streitereien, auch Tätlichkeiten, hatten sie sich nichts mehr zu sagen.
Arthur und Margret-Elisabeth hatten sich fast drei Jahre nicht gesehen. Die Trennung hatte die beidseitigen tiefen Wunden nicht geheilt, vielmehr war der gegenseitige Hass noch größer geworden.

Kaum hatten sie sich wiedergesehen, begannen sie zu streiten. Sie machte ihm Vorhaltungen über seinen Lebenswandel und dass er seinen Lebensunterhalt mit Betrügereien und Drogenhandel bestreiten würde. Er hätte über sie und die Familie der Butterflower Unglück und Schande gebracht. Sie würde ihn deshalb in den nächsten Tagen bei der Polizei anzeigen. Nach der nächsten Bahnstation Greystoke eskalierte der Streit. Die gegenseitigen Beschimpfungen wurden immer lauter, Arthur stieß seine Exfrau mit beiden Armen in ihren Sitz, sie stand wieder auf und versetzte ihm zwei schallende Ohrfeigen. Voller Zorn wehrte er sie ab, fasste in seine Manteltasche, holte eine Pistole hervor, die er noch aus seinen früheren Diensten bei den Grenadieren Ihrer Majestät illegal in seinem Besitz hatte, und erschoss seine frühere Frau Margret-Elisabeth. Von früheren Fahrten nach Whitehaven war ihm bekannt, dass die Brücke hinter der Station Greystoke über den River Little Themse stark reparaturbedürftig war und der Zug sie deshalb aus Sicherheitsgründen nur im Schritttempo passieren durfte. Als der Zug vor der Brücke stark abbremste und die Mitte erreicht hatte, öffnete Arthur das Abteilfenster und warf die tote Margret-Elisabeth über das Geländer in die reißenden Fluten des vom dauerhaften Regen und schmelzenden Schnee übervollen Flusses. In den schäumenden Wellen verschwand der leblose Körper sehr schnell. Margret-Elisabeths wunderschönen Hut wollte er zuerst als Andenken behalten, aber er warf ihn hinterher, um einen Hinweis auf ihn als Täter zu vermeiden.

Zurück in seinem Haus in Barnard Castle, studierte Arthur Bright in den nächsten Tagen alle regionalen Zeitungen, so auch die *Daily News* oder den *Day and Night Express,* ob sie nicht über eine aufgefundene Frauenleiche berichten würden. Keine Berichte erschienen, die tote Margret-Elisabeth wurde nicht gefunden. Lediglich ihre Mutter, Lady Suzan Butterflower, erstattete eine Vermisstenanzeige, äußerte einen Verdacht gegen den ungeliebten Ex-Schwiegersohn und andere abgewiesene junge Männer. Die örtliche Polizei hatte keine besondere Eile die Vermisste zu suchen. Anzeichen auf ein Gewaltverbrechen gab es nicht. Es geschah fast täglich, dass eine junge Frau mit ihrem Liebhaber durchbrannte oder vor ihrem prügelnden Ehemann flüchtete. Diese Fälle regelten sich meistens von selbst, die Polizei musste sie nur *aussitzen*. Arthur Bright wurde trotzdem befragt und seine Wohnung durchsucht, nachdem Lady Suzan, als einflussreiche Persönlichkeit, den Polizeipräsidenten Untätigkeit vorwarf. Arthurs Befragung erbrachte keine neuen Erkenntnisse; in seiner Wohnung wurde lediglich eine Pistole aus dem Besitz der Grenadiere gefunden, die er illegal in seinem Besitz hatte und die konfisziert wurde. Eine strafbare Handlung konnte nicht festgestellt werden, Arthur Bright blieb auf freiem Fuß.

Einen kleinen Hinweis gab es doch. Die Wochen voller Stürme und Regen wurden von einer längeren Schönwetterperiode abgelöst, das Frühjahr sendete seine Boten. Das Hochwasser und die Überschwemmungen waren abgelaufen, die Pegel der Flüsse hatten wieder ihren Normalstand erreicht.

Das Hochwasser und die Schneeschmelze hatten allerlei Gestrüpp, kleinere Bäume, Äste und Unrat an den Ufern der Flüsse abgelagert. Ein Schäfer, der seine Herde den River Little Themse flussabwärts trieb, fand am Ufer einen Damenhut, der im Originalzustand ein Blickfang gewesen sein musste. Er nahm ihn mit, säuberte, trocknete und brachte ihn in die richtige Façon und schmückte sein Kunstwerk mit einigen frischen Frühlingsblumen. Dann erhielt des Schäfers Frau diesen *neuen* Hut als Geschenk. Voller Stolz trug sie ihn, auch als sie am Tage des Wochenmarktes in Greystoke ihren Lebensmittelbedarf einkaufte. Zufällig begegnete ihr Lady Suzan Butterflower, die den Markt nutzte, um sich mit Freundinnen zu einem *small talk* und einigen Sherrys zu treffen, die sofort den Hut als Eigentum ihrer verschwundenen Tochter erkannte und ihn zurückhaben wollte. Die Frau des Schäfers lehnte empört dieses Ansinnen ab, erklärte den Hut als Geschenk ihres Mannes, der ihn auf einem Trödelmarkt erworben hätte. Voller Zorn ging Lady Suzan zur Polizei, um Anzeige gegen die neue Hutbesitzerin zu erstatten. Die Polizeibeamten waren von Lady Suzans Besuche, mindestens alle zwei Tage, und ihren Nachfragen über den Stand der Suche nach ihrer Tochter derart genervt, dass sie zwar freundlich das Gespräch entgegennahmen, den Hinweis auf den Hut nicht mit dem nötigen Ernst verfolgten, ja nicht einmal ein Protokoll darüber verfassten. So blieb Lady Margret-Elisabeth weiter verschwunden!

Police Inspector John Green machte am Rednerpult eine kurze Pause, dann fuhr er fort:
„Nach eineinhalb Jahren landete die Akte auf meinem Schreibtisch." Im Hörsaal kam Unruhe auf, Papier raschelte, Schuhe scharrten am Boden. Immer wenn der über eigene Ermittlungen referierte, kam Spannung bei den Studenten auf und sie lauschten weiter: „Nachdem ich die dünne Akte durchgesehen hatte, kam auch bei mir kein großes Interesse auf, einer durchgebrannten jungen Frau und ihrem Liebhaber nachzuspionieren. Erst als mein Chef mich in meinem Büro aufsuchte, was schon sehr außergewöhnlich war, auf den fraglichen Aktendeckel klopfte und meinte „äußerst wichtig und dringend", dabei legte er seinen Zeigefinger über die Lippen, „streng geheim, Verbindung bis ganz nach oben, bis zum Buckingham Palace, entfernte Verwandte zu unserer Majestät, Queen ...", dabei stand er stramm, salutierte, schlug seine Haken zusammen, machte ich mich an die Arbeit. Zuerst wusste ich nicht, wo ich anfangen sollte. Nachdem ich lange nach einem Ansatz für meine Ermittlungen gesucht hatte, fiel mir *Crazy Ann* ein, die ich auf Empfehlung eines schon längere Zeit pensionierten Kollegen kennengelernt hatte und die mir wertvolle Tipps bei bis dahin ungeklärten Fällen geben konnte. Crazy Ann, eine Art Hexe unbekannten Alters, die, wie ihr Name schon sagte, leicht verrückt war und darüber hinaus übernatürliche Fähigkeiten besaß. Sie konnte in die Zukunft sehen und besaß als Wahrsagerin einen guten Ruf, weit über die Landesgrenzen hinaus. Viele Leute aus der Umgebung hatten schon häufig ihren Rat erbeten. Junge Paare fragten, ob ihre beabsichtigte Eheschließung richtig sei, ob sie gegen Kinderlosigkeit helfen könne, ob der

Erbonkel sie auch im Testament berücksichtigen, wie die Ernte ausfallen würde und vieles mehr, manches auch völlig Unsinniges.

Crazy Anns Haus lag mitten im Wald, vielleicht hundert Meilen nördlich der Hauptstadt. Die letzte Viertelmeile musste ich zu Fuß über einen holprigen Trampelpfad zurücklegen. Normalerweise konnte man die kurze Wegstrecke in fünf bis zehn Minuten schaffen, aber er war von tiefen Furchen von einem Karren und zahllosen Löchern von Pferdehufen übersät. Obwohl es lange Zeit nicht geregnet hatte, waren sie mit fauligem Wasser gefüllt. Zudem war es trotz Mittagszeit und wolkenlosem Himmel ziemlich dunkel, düster, unheimlich. Die Bäume neben dem Weg waren in der Höhe zusammengewachsen, bildeten ein undurchdringliches Dach, kein Sonnenstrahl gelangte hindurch und erhellte den Boden mit den zahllosen Stolperfallen. Waren es die im Winde ächzenden Bäume oder aufgeschreckt kreischende Raben, ich fror und zitterte vor Kälte, obwohl mir der Schweiß auf der Stirn stand. Schwitzend und mit nassen Schuhen an den Füßen, atmete ich erleichtert auf, als ich endlich, nach einer halben Stunde, die Lichtung erreichte. Mitten in der Oase, im Dschungel, lag das kleine, uralte Häuschen, früher ein Forsthaus, über und über mit Moos und Efeu bewachsen, nur die Fenster und das Tor aus Eichenholz waren freigeschnitten. Ein liebevoll angelegter Blumen- und Gemüsegarten minderte den düsteren Eindruck der Umgebung und meine Angstgefühle schwanden wieder.
Nachdem ich eine footballgroße Glocke aus Messing betätigt hatte, öffnete mir eine junge hübsche Frau. Von früheren Besuchen wusste ich, es war Crazy Anns Enkelin Josefine. Sie begrüßte mich mit einem freundlichen Lächeln, blieb aber wartend vor mir stehen. Erst wusste ich nicht, was sie wollte. Dann fiel mir ein: Crazy Anns Honorar betrug generell fünfzig Pfund, unabhängig von der Länge der

Sitzung, musste vorher bezahlt werden, ohne Rechnung und Quittung und ohne Erfolgsgarantie. Eine Viertelstunde musste ich warten. Ein junges Paar kam aus dem Nebenraum, sah sich ganz verliebt und glücklich an. Offensichtlich hatte Crazy Ann ihnen eine glückliche Zukunft vorhergesagt. Endlich durfte ich eintreten.

Der Raum war fast dunkel, die Fenster verhangen. Die Wände und der Fußboden waren mit dicken Teppichen verkleidet, dazwischen hingen hölzerne Masken und am Boden lagen abgestorbene Baumwurzeln mit farbigen Tüchern behangen. Flackernde Kerzen erleuchteten nur ungenügend das Zimmer und warfen bizarre Schatten an die Wände und auf den Boden. Die unheimliche Atmosphäre, die dieses Zimmer ausstrahlte, erdrückte mich fast. Der Geruch nach Moder und Weihrauch erinnerte mich an meine Besuche in Saint Paul's Cathedral zu Weihnachten. Das Ganze machte einen geheimnisvollen, unwirklichen Eindruck. Obwohl ich ja schon zweimal hier war, lief mir dieses Mal ein Schauer über den Rücken. Es war nicht kalt, trotzdem schlug ich meinen Mantelkragen hoch. Gegenüber saß Crazy Ann auf einem etwas erhöhten Podest in einem alten Ledersessel. Sie war in dunkle Umhänge gehüllt und trug ein schwarzes Kopftuch. Hinter einer Nickelbrille blitzten mich muntere Augen an. Vor ihr ein kleinerer Tisch mit verschiedenen, mir unbekannten Utensilien. Mit einer Handbewegung forderte sie mich auf, ihr gegenüber auf einem unbequemen, ungepolsterten Holzstuhl Platz zu nehmen.

Die vier im Kerzenschein blinkenden Bernsteine hypnotisierten mich, erzeugten bei mir eine Gänsehaut. Mich ergriff Angst; Todesangst, ich wollte aufspringen, fliehen, als die leuchtenden gelben Lichter auf mich zukamen. Aber ich konnte nicht, war wie gelähmt, gefesselt, konnte mich nicht bewegen. Erst als sie bei mir waren und um meine Beine strichen, erkannte ich, es waren die leuchtenden,

bernsteinfarbigen Augen von zwei übergroßen schwarzen Katzen. Mit einer Hand wollte ich einem der schwarzen Tiger über den Rücken streicheln, da erhielt ich von einer Tatze einen kräftigen Schlag, der einen tiefen, blutenden, schmerzhaften Kratzer hinterließ.
Ohne ein Wort zu sagen, deutete sie mir an, mein Anliegen vorzubringen. Ich erzählte ihr also von Margret-Elisabeths Verschwinden, dem Verdacht und alles was ich aus der dünnen Ermittlungsakte wusste. Sie hatte mich nicht unterbrochen, hörte mir aufmerksam zu, hatte ihre Hände vor das Gesicht gehalten. Lange nachdem ich geendet hatte, kam keine Reaktion. Ich blieb still, wollte sie nicht in ihrer Konzentration stören. Schließlich nahm sie vom Tisch vor ihr eine Glaskugel, blau, grün und undurchsichtig. Sie drehte sie in ihren knochigen Händen mehrmals hin und her und flüsterte kaum wahrnehmbar „Wasser, Wasser."
Dann legte sie die Glaskugel beiseite, schöpfte mit einem Holzlöffel Wasser aus einer emaillierten Schüssel und ließ nach einigen Augenblicken das Wasser in einzelne Tropfen wieder zurückfließen. Sie beobachtete dabei die Ringe, die von den herabfallenden Tropfen sich auf der Wasseroberfläche ausbreiteten. Dann flüsterte sie wieder „Wasser, Wasser." Schließlich nahm sie drei nussgroße Holzkugeln in den Farben rot, blau und gelb vom Tisch und ließ sie, wie beim Würfeln, zurück auf den Tisch rollen. Dann beobachtete sie wieder die Lage der Kugeln zueinander. Und wieder hörte ich sie „Wasser, Wasser" flüstern. Nach einer Weile blickte sie mich an und sagte: „Ich kann Ihnen nicht helfen, ich sehe immer nur Wasser, viel Wasser." Damit war ich entlassen. Ich war vom Ergebnis des Gesprächs schwer enttäuscht, es hatte mich in meinen Ermittlungen nicht weitergebracht, aber ich war auch erleichtert, diesen unheimlichen Ort wieder und fast unbeschadet, verlassen zu können.

Beim Gang durch den Wald zu meinem Auto dachte ich noch bei mir: Von dem jungen Pärchen vor mir und von mir je fünfzig Pfund, ein ganz beachtlicher Stundenlohn, und das in gut vierzig Minuten!
Zurück in meinem Büro war ich doch sehr enttäuscht vom Besuch bei Crazy Ann. Ich war genau so schlau wie vorher, besser gesagt, ich hatte immer noch keine Ahnung, wie es weitergehen sollte. Dass ich das Honorar von fünfzig Pfund nicht auf meine Spesenabrechnung setzen konnte, motivierte mich auch nicht besonders. Also wollte ich mir persönlich ein Bild von den Orten machen, die im Untersuchungsbericht genannt wurden. Lady Margret-Elisabeth, geschiedene Bright, geborene Butterflower, war in Appleby in den Zug gestiegen um ihre Tante Mildred in Whitehaven zu besuchen, aber dort nicht ankam. Der einzige Haltepunkt an dieser Strecke war die kleine Gemeinde Greystoke. Nur hier konnte Margret-Elisabeth den Zug verlassen haben.

Ich fuhr also mit dem Auto bis Appleby, löste bei der Royal Britisch Railway Company ein Rückfahrticket von Appleby nach Whitehaven über Greystoke und bestieg den nächsten Zug. In Greystoke unterbrach ich meine Fahrt und versuchte, Informationen über Margret-Elisabeth zu erfragen, und ob jemand sie vor eineinhalb Jahren gesehen hatte, dabei zeigte ich Fotos der Vermissten herum; leider vergeblich. Die örtliche Polizei hatte schon bald nach der Vermisstenmeldung von Lady Suzan Butterflower, alle Anwohner und die Dame am Bahnhof, die die Tickets verkauft, befragt, aber auch ohne Ergebnis. Margret-Elisabeth war nicht gesehen worden, mysteriös! Mit dem nächsten Zug fuhr ich weiter bis Whitehaven. Kurz hinter Greystoke bremste der Zug stark ab und fuhr über eine baufällige Brücke über den River Little Themse, dessen breites Kiesbett nahezu ausgetrocknet war. Lediglich ein schmales Bächlein schlängelte sich zwischen den Steinen bergab.

In Whitehaven nutzte ich den Aufenthalt und besuchte Margret-Elisabeths Tante Mildred, die mir aber auch nicht weiterhelfen konnte. Auf der Rückfahrt nach Appleby stellte ich mich an ein offenes Fenster und sah gedankenverloren die vorbei huschende Landschaft an. Als der Zug wieder abbremste und im Schritttempo über die Brücke fuhr, die über den River Little Themse führte und ich das kümmerliche Rinnsal im breiten Kiesbett sah, das dahinplätscherte, kam mir mit einem Gedankenblitz die Erleuchtung: Crazy Ann hatte wiederholt „Wasser, Wasser" geflüstert, „ich sehe nur viel Wasser!"

„Im Büro zurück rief ich sofort die Wetterstation des Bezirks von Whitehaven an und erkundigte mich nach dem Wetter Ende März vor einem Jahr. Noch am Telefon erhielt ich die Antwort: Es hatte mehrere Wochen stark geregnet. Das Wasserwirtschaftsamt bestätigte meine Vermutung. Aufgrund der starken Regenfälle und der Schneeschmelze führten alle Flüsse der Region Hochwasser, sodass die Behörden aus Sicherheitsgründen die zweithöchste Warnstufe ausriefen. Jetzt kam Bewegung in die Ermittlungen. Zahlreiche Helfer der freiwilligen Feuerwehr suchten das Ufer des River Little Themse ab. Eine neue Enttäuschung für mich, die Suche blieb ohne Ergebnis. Meine letzte Hoffnung: Der Fluss mündete zwanzig Meilen unterhalb in den Stausee Frogs Lake. Die Taucher der Royal Marine, die ich angefordert hatte, fanden schon am zweiten Tag eine weibliche Leiche, oder was von ihr noch übrig war. Sie wurde von ihrer Mutter Suzan Butterflower als ihre Tochter Margret-Elisabeth identifiziert.

Todesursache waren zwei Schüsse in den Kopf. Die Ballistiker stellten fest, dass sie aus einer Pistole der Grenadiere stammten. Ein Vergleich mit der Pistole, die bei Arthur Bright gefunden worden war, ergab einen Volltreffer, es war dieselbe!

Arthur Bright wähnte sich schon lange in Sicherheit, über eineinhalb Jahre nach seiner brutalen Tat war er unent-

deckt geblieben. Seine Verhaftung kam für ihn aus heiterem Himmel. Aufgrund der erdrückenden Beweise legte er schnell ein umfassendes Geständnis ab. Der Londoner High Court, das höchste Gericht des Landes, verhängte das Höchsturteil.
In meinem Innersten dankte ich Crazy Ann für ihren Hinweis *viel Wasser, viel Wasser, ich sehe nur viel Wasser*, ohne den ich den Fall hätte sicherlich nicht lösen können. Lady Suzan Butterflower bedankte sich bei mir für die Aufklärung und Überführung des Mörders ihrer Tochter Mildred-Elisabeth mit einem riesigen Blumenstrauß und einer Zweiliterflasche Glenfiddich Single Malt Scotch Whisky.
Die Studenten applaudierten und dankten Police Inspector John Green für die erfolgreiche Ermittlung im Mordfall Mildred-Elisabeth, geschiedene Bright, geborene Butterflower und für seine spannende und lehrreiche Erzählung.

Es war ein typischer November in England. Feucht, unangenehm kalt und ein dicker Nebel, von der Themsemündung kommend, hielt die Hauptstadt fest in seinen Fängen. Es waren Tage, an denen es selbst um die Mittagsstunden nicht hell wurde. Die meisten Frauen saßen in ihren Häusern vor den wärmenden Kaminen, plauderten mit ihren Freundinnen und Nachbarinnen über die neueste Mode und nippten dabei den üblichen Fünfuhrtee. Ihre Ehemänner verbrachten die Zeit in ihren Klubs, rauchten dicke Havannas, sprachen einem alten Portwein oder Sherry mehr oder weniger heftig zu, einige bevorzugten einen prämierten schottischen Whisky und diskutierten über die Favoriten beim Pferderennen von Ascot im nächsten Jahr.

Mit dem fünften Glockenschlag von Big Ben vollstreckte der Henker von London das Urteil des High Court an dem Mörder Arthur Bright.
Es war aber nicht der Glockenschlag von Big Ben, der ihn hochschreckte, es war sein Wecker, der ihn brutal aus seinen Träumen riss. Mit einem Brummschädel und verquol-

lenen Augen sah er an den Leuchtziffern seiner Uhr, es war 7:00 Uhr, höchste Zeit aufzustehen und sich für seine Abschiedstour fertig zu machen. Nach einer kalten Dusche, ausführlichem Zähneputzen, und einem doppelten Glenfiddich Single Malt Scotch Whisky fühlte er sich wieder etwas wohler. Dann legte er seine Galauniform an und heftete alle bisher erhaltenen Orden an seine Brust, ein weiterer sollte heute ja noch hinzukommen. Jetzt im Moment war er noch Police Inspector, in wenigen Stunden würde er zum Police Superintendent befördert werden; John Green lächelte seinem Spiegelbild zu. Er war mit sich und der Welt zufrieden, hatte er doch noch vor seiner Pensionierung einen schwierigen Fall gelöst und dem Mörder seiner gerechten Strafe zugeführt, wenn auch nur im Traum.

Liebeserklärung an das Neue Dresden

Vorab:
Die Begriffe *Ossi* und *Wessi* mag ich an sich nicht. Sie haben einen leicht faden Beigeschmack. In den ersten Jahren nach dem Mauerfall sahen die Einen etwas hochnäsig, gönnerhaft Richtung Osten. Und der Blick nach Westen: vielleicht mit etwas Neid, die neureichen Verwandten, überheblich, großkotzig, meinen sie sind etwas Besseres, dachten die Anderen.
Selbstverständlich haben beide Seiten zu diesem *Image* beigetragen. Die Einen haben ihre Schrottautos sündhaft teuer verkauft, die Anderen ihre winzigen Einraumwohnungen zu Grand Hotel Preisen vermietet. Schwarze Schafe gab es immer und wird es leider immer wieder geben.
Aber vor einem vorschnellen Urteil sollte jeder Wessi wissen: Er hatte nur das Glück gehabt, das die anderen nicht hatten, er lebte auf der richtigen Seite, ohne etwas dafür getan zu haben. Es war Schicksal, dass eine Trennlinie zwischen West und Ost gezogen wurde, eine Mauer gebaut, Stacheldrahtzäune errichtet und Todesstreifen liebliche Landschaften zerschnitten haben, zwei deutsche Staaten dadurch entstanden.
Heute kennen sich beide Seiten besser, die Bezeichnungen *Wessi* und *Ossi* haben keinen gehässigen Unterton mehr, sind eher etwas spöttisch gemeint; wenn sich Freundschaften entwickelt haben, vielleicht sogar etwas liebevoll.
Kurz nach der Wende habe ich als *Wessi* aus Hessen fast fünf Jahre in Dresden gearbeitet und unter *Ossis* gelebt, sie kennen, achten und schätzen gelernt. Noch heute bestehen Freundschaften, gibt es gegenseitige Besuche und häufige Telefonate und Mails in beide Richtungen. Ich könnte von vielen kleinen Begebenheiten berichten.

Von zweien möchte jedoch erzählen und ein Erlebnis schildern, das mich heute noch tief bewegt.

Im Frühjahr 1990 war die Berliner Mauer schon ein halbes Jahr Geschichte, den *Eisernen Vorhang* gab es nicht mehr, die zwei Deutschen Staaten waren wieder vereint, nur die Währungsunion sollte erst zum 1. Juli 1990 folgen, es gab also noch zwei Währungen in Deutschland.

Meine Frau und ich wohnten damals und auch heute noch im Taunus, nördlich von Frankfurt. Wir beschlossen, das bevorstehende verlängerte Wochenende über den 1. Mai für einen Kurzurlaub zu nutzen und meine Geburtsstadt Aussig, heute Usti nad Labem CR, zu besuchen. Die Reise sollte uns über Dresden mit zwei Tagen Aufenthalt, über Bad Schandau, Schmilka als Grenze zu Tschechien, Decin, nach Usti führen.

Schon die Fahrt am Samstag den 28. April über die Autobahn war ein kleines Abenteuer. Ab der ehemaligen Grenzstation zu Thüringen spürte man empfindlich den Osten. Die Straße war im gleichen Zustand wie die meisten heutigen Autobahnen im Westen, Schlagloch auf Schlagloch. Tankstellen gab es nicht, kaum Rastplätze.
Mit paar Mal Fragen fanden wir zur Dresdner Innenstadt. Meine Frau hatte für zwei Tage ein Doppelzimmer im zentral gelegenen Hotel Dresden Newa, dem heutigen Pullmann Newa, gleich gegenüber dem Hauptbahnhof gebucht. Der Weg zum Hotel blieb uns versperrt, es war Samstagmittag. Von keiner Seite kamen wir zum Hotel, das in Sichtweite, kaum einhundert Meter entfernt stand. Überall Absperrungen, kein Hinweis. Nicht nur der Zugang zum Hotel, sondern der ganze Bahnhofsvorplatz, der Wienerplatz, blieben abgesperrt, eine Durchfahrt unmöglich.
Also stieg ich aus und sprach eine junge Polizistin an, Anfang zwanzig, sehr hübsch, hätte meine Tochter sein können. Im tiefsten sächsischen Dialekt wurde ich belehrt: „Heute findet ein großes Fußballspiel statt und wir erwarten zahlreiche Provokateure aus der BRD!"
Ich glaubte mich verhört zu haben, aber sie sagte tatsächlich, ein halbes Jahr nach dem Mauerfall, **„Provokateure aus der BRD."**
Sprachlos ließen wir unser Auto stehen und schleppten unsere Koffer zum Hotel. Mit der Buchung hatte alles

geklappt und wir bezogen ein spartanisch eingerichtetes Zimmer in einem oberen Stockwerk mit Blick auf den abgesperrten Bahnhofsvorplatz.
Als Fußballinteressierter wusste ich, dass im damaligen Rudolf-Harbig-Stadion ein Spiel der DDR-Oberliga zwischen Dynamo Dresden und FC Berlin stattfindet. Bei Beginn um 15:00 Uhr musste das Spiel circa um 16:45 Uhr beendet sein. Gespannt blickte ich also nach 17:00 Uhr zum Bahnhof und wartete, was geschehen würde.
Mehrere Straßenbahnen fuhren vor, insgesamt 80, vielleicht hundert, überwiegend jugendliche Besucher des Spiels stiegen aus und versammelten sich vor dem Bahnhof. Einige Anfeuerungsrufe wurden gegrölt, ein paar Fahnen geschwenkt. Nach zehn Minuten verschwand die Gruppe friedlich im Bahnhof. Die Absperrungen wurden schnell beiseitegeräumt, der Verkehr wieder freigegeben, die Polizei verschwand.
Die junge Polizistin aber, sicher unschuldig an ihrer Formulierung, da sie über Jahre auf das DDR Regime *synchronisiert* worden und im wiedervereinigten Deutschland noch nicht ganz angekommen war!
Die *Provokateure* erwiesen sich als friedliche Fans und sie kamen auch nicht aus der *BRD*, sondern aus Berlin, der FC Berlin war ein Verein, im früheren Ostberlin beheimatet.
Keinem westdeutschen Fußballfan wäre es eingefallen, nach Dresden zu fahren, um sich ein Spiel der DDR-Oberliga anzusehen. Denn zur gleichen Zeit liefen die Spiele der Fußball Bundesliga.

Es war auf der gleichen Reise. Wir hatten einen Ausflug in die Sächsische Schweiz geplant und fuhren Richtung Süden. Am Stadtrand von Dresden mussten wir an einer Ampel halten. Plötzlich klopfte es an der Scheibe meiner Fahrertür. Ich öffnete, ein freundlicher Wuschelkopf beugte sich zu mir und informierte mich im unverwechselbaren Dialekt: „Ihr rechtes Bremslicht leuchtet nicht, möglicherweise ist ein Birnchen defekt." Ich bedankte mich für den Hinweis, meinte bei mir, zu Hause das Auto in die Werkstatt zu bringen und wollte die Tür wieder schließen.

„Einen Moment, ich glaube, ich kann ihnen helfen, fahren Sie doch hinter der Ampel auf den Gehsteig, ich schau mal nach."

Bevor ich widersprechen konnte, überholte mich der junge Mann mit seinem Uralt-Trabi, und hielt hinter der Ampel auf dem Gehsteig und ich hinter ihm. Neugierig, etwas spöttisch, vielleicht auch etwas *großkotzig*, dachte ich bei mir: ‚Wie will der mir helfen, an meiner großen Lancia Limousine, einem typischen Kapitalistenauto, die Beleuchtung zu reparieren? Das kann er vielleicht bei seinem Trabi in der Lackierung *Verblichenblau* schaffen, aber nicht bei einem Auto, das er vielleicht noch nie gesehen hatte.' Gut, dass ich meinen Mund hielt.

Der junge Mann kam mit einer verbeulten alten Werkzeugkiste und einer Schuhschachtel zu mir.

„Das werden wir gleich haben", und schraubte geschickt und flink den Deckel der Bremsleuchte ab. Er hielt das Birnchen gegen das Licht: „Aha, defekt." Dann wühlte er in der Schuhschachtel herum, fand eine andere, und mit den Worten: „Die könnte passen", drehte er sie in die Fassung der Bremsleuchte. Ein Bremsversuch, und tatsächlich, die Leuchte brannte wieder. Ich war verblüfft. Beschämt griff ich zu meiner Brieftasche.

„Lassen Sie die Tasche mal stecken, ich brauch das Geld nicht. Hab' gesehen, Sie kommen von drüben, ich bin ja jetzt wieder so glücklich und zufrieden. Und unendlich dankbar, das musste ich einfach zeigen! Mein Vater saß einige Jahre in Bautzen, jetzt ist er wieder frei, zu Hause, und ich habe wieder meinen Vater!"

Ich war gerührt, spontan musste ich den jungen Mann umarmen. Als er merkte, ich bekam feuchte Augen, schluckte er auch, drehte sich um und ging mit Werkzeugkiste und

Schuhschachtel zu seinem Trabi. Ich sah nicht mehr geringschätzig auf sein Fahrzeug, auf das unsere Landsleute oft zehn Jahre nach der Bestellung warten mussten, sondern einfach nur den glücklichen jungen Menschen!

Damals ahnte ich nicht, dass ich wenige Monate später selbst in Dresden und Umgebung arbeiten und unter *Ossis* leben würde. Durch Zufall, wie er so oft in unserem Leben Schicksal spielt, erhielt ich ein Angebot über fünf Jahre nach Dresden zu gehen und dort die Geschäftsleitung eines Unternehmens zu übernehmen, das aus einem ehemaligen VEB hervorgegangen war. Mit den Inhabern wurde ich schnell einig und auch meine Familie, vor allem meine Frau, ermutigten mich, diesen Schritt zu gehen, den ich heute, fast 25 Jahre danach, nie bereut habe und mir für immer in guter Erinnerung bleiben wird. Wenige Tage danach saß ich schon in einem provisorischen Büro in einer Holzbaracke im Süden der Stadt und war Chef von circa 80 *Ossis*, Entschuldigung, von Sachsen, hauptsächlich aus Dresden und Umgebung.

Ein völlig neues Leben begann für mich. Es war nicht die Stadt, die mich vor Probleme stellte, die noch dabei war, die letzten Kriegswunden zu schließen, und die ich schnell kennen und lieben lernte. Auch nicht das Äußere der Menschen, mit denen ich schon bald in guten Kontakt kam. Die Frauen hatten vielleicht eine andere Frisur und waren jetzt nach der Wende etwas bunter gekleidet als ihre Geschlechtsgenossinnen im Westen und auch manche junge Männer waren auffällig modebewusst im westlichen Stil. Es war vielmehr das System, das mir Probleme bereitete und wie eine Dunstglocke die Köpfe und das Leben vieler Menschen die erste Zeit nach 1989 noch umnebelte. Auch der Umgang mit den Behörden zeigte sich als sehr gewöhnungsbedürftig. Die Verwaltungen waren zwar neu organisiert, arbeiteten aber teilweise nach dem alten Muster, teilweise nach dem neuen. Je nachdem, an welchen

Mitarbeiter man geriet, entsprechend kam die Maschinerie in Bewegung oder auch nicht!

Die Wohnungssuche erwies sich als scheinbar unüberwindbares Hindernis. Es gab keine Wohnungen. Die alten waren belegt, Neubauten gab es noch nicht. Die ersten Wochen wohnte ich in einem kleinen Gasthof in der Nähe zur tschechischen Grenze. Das Zimmer war winzig mit Dachluke und mit Dusche auf dem Gang.
Danach zog ich für drei Monate in das Ferienheim des ehemaligen VEBs um und bewohnte ganz alleine einen Bungalow, der eigentlich für acht Personen gedacht war. Mir gefiel dieses Holzhaus sehr gut, es bot mir viel Platz, war halbwegs gut eingerichtet, ich hatte die Gemeinschaftsdusche nur für mich und vor dem Haus ein Schwimmbad. Einen kleinen Nachteil hatte dieses Häuschen, den nicht ich, aber umso mehr meine Frau bemerkte. Immer, wenn sie mich am Frankfurter Flughafen abholte – im ersten Jahr in Dresden pendelte ich noch per Flieger am Freitagmittag von Dresden-Klotsche nach Frankfurt und Montag mit der ersten Maschine wieder zurück –, und ich sie zur Begrüßung umarmen und küssen wollte, stieß sie mich mit den Worten abwehrend zurück: „Pfui, Du stinkst!" Ich war beleidigt, hatte mir das Wiedersehen anders vorgestellt, sprach auf der Fahrt vom Flughafen zu unserem Haus im Taunus kein Wort. Erst im Haus, als meine Frau den Koffer mit schmutziger Kleidung und Wäsche auspackte und ihr ein fürchterlicher Gestank entgegenkam, wurde der *kleine Nachteil* des Bungalows entdeckt. Das Holz des Häuschens war mit einer übelriechenden Imprägnierung gestrichen worden und meine Kleidung hatte den Geruch angenommen. Ich hatte mich daran gewöhnt, meine Frau jedoch nicht!

Die nächste Unterkunft fand ich in der Nähe meiner Firma, es war im ersten Stock einer ausgebauten Doppel-

garage. Es kam die Zeit, als das Geschäft mit Wohnraum boomte. Jedes *Loch, Hütte, Schuppen* wurde zu horrenden Preisen vermietet, Wohnungssuchende standen Schlange und mussten einen sehr persönlichen Fragebogen ausfüllen. Heute ist diese Praxis, Wohnungen in westdeutschen Großstädten zu vermieten, ähnlich.
Wieder spielte der Zufall eine Rolle. Bei einer Fahrt durch einen südlichen Stadtteil, Kleinzschachwitz, sah ich einen Neubau, zweistöckig mit acht Wohnungen. Die glücklichen neuen Besitzer waren gerade dabei, ihren *Gewinn* zu beziehen. Eine Wohnung im Erdgeschoss, circa einhundert Quadratmeter groß, stand noch leer, sah noch unbewohnt aus. Auf der Bautafel entdeckte ich Anschrift und Rufnummer der Baufirma und gleichzeitig Inhaber dieses Neubaus.
Ich konnte es kaum glauben, ich bekam die Wohnung. Meine Frau kam aus Frankfurt geflogen, die Wohnung sagte ihr zu und so wurde sie für die nächsten Jahre unser Zweitwohnsitz. Die Ausstattung war modern, westlicher Standard, Lage hervorragend, fünf Minuten zu Fuß bis zur Elbfähre, die auf die andere Seite zum Schloss Pillnitz führte. Auch verkehrsmäßig war die Lage hervorragend, Richtung Süden war man schnell in der Sächsischen Schweiz und in Tschechien, und in zwanzig Minuten in der Innenstadt, und auch nur wenige Minuten von meiner Firma entfernt. Da wir unser Haus im Taunus behielten, wir pendelten alle 2 bis 3 Wochen, mussten wir die neue Wohnung nahezu komplett neu einrichten, was auch ein Abenteuer war.
Der Umgang mit meinen neuen Mitarbeitern erwies sich nicht so schwierig, wie ich gedacht hatte. Natürlich begegneten sie mir zuerst zurückhaltend, vielleicht auch misstrauisch, ‚was will dieser Wessi bei uns', sie vermieden Begegnungen und Gespräche.

Später wurden sie neugierig, und begannen zu fragen. Das Eis war schließlich gebrochen, als ich mich täglich in der Kantine zu ihnen setzte, mich unbefangen an den allgemeinen Gesprächen beteiligte und von mir und Teilen meiner Lebensgeschichte erzählte. 1946 waren meine Mutter, Bruder und Oma aus dem Sudetengau, aus Aussig, von den Tschechen vertrieben worden und wir mussten mit Flüchtlingstransporten auf Güterzügen, mit 50 Kilo als einzige Habe, die zum Teil auch noch geplündert wurde, unsere Heimat verlassen. Bis zu unserer Ausweisung waren alle bisherigen Transporte in die *Russenzone* gegangen, unser Güterzug war der erste, der in die „Amerikanische Zone" geleitet wurde. Zum Zeitpunkt der Ausweisung war das Ziel unseres Transportes uns nicht bekannt. Es war also nicht mein *Verdienst,* sondern Glück, Schicksal, dass ich *Wessi* wurde, und nur ein Transport eher, ich wäre heute ein *Ossi,* wie sie! Das imponierte und ab da war ich im Kreise meiner Mitarbeiter *angekommen.*
Jetzt begegneten wir uns völlig unbefangen, sie konnten mit mir über alles sprechen, mussten nicht befürchten, ich sei doch vielleicht noch ein Informant der Stasi. So erfuhr ich viele Dinge ihres früheren Lebens in der DDR und ich begann sie zu verstehen. Ich erfuhr, warum es keine Arbeitslosen gab, warum die Kinderbetreuung so gut gewesen sein soll, in Lokalen sich niemand an ein Fenster setzte und nur geflüstert wurde, Frauen in Betrieben oft nach der Mittagspause für Stunden verschwanden und mit vollen Einkaufstaschen zurückkamen. Warum Westfernsehen verboten war und doch gesehen wurde, Ungarn das beliebteste Urlaubsziel im Ausland war und der Trabi eine Lieferzeit von zehn und mehr Jahren hatte, die Garagen winzig und die Parkplätze zu schmal waren. Aber auch, warum nicht jeder studieren konnte, der es wollte, nicht ins *kapitalistische* Ausland fahren durfte, warum einige Wenige alles hatten und andere, die in die Bundesrepublik ausreisen wollten, die das Regime öffentlich kritisierten, die, deren

Fluchtversuch misslang, für Jahre in Bautzen und anderen berüchtigten Gefängnissen verschwanden.
Ich nahm aber auch am täglichen Leben teil, lernte die sächsische Küche kennen und schätzte sie. Mir schmeckte die Soljanka, das Würzfleisch, der Breuler, natürlich auch der Russische Zupfkuchen, der Kleckselkuchen und die Quarkkäulchen. Ich versuchte mich am gewöhnungsbedürftigen Wein von den Elbhängen, trank lieber das Bier, das dem westlichen sehr ähnlich war und den Original Becherovka, den früheren Karlsbader Becher-Bitter. Ab und zu bei festlichen Anlässen gab es Rotkäppchen und manches Mal auch Krimsekt.

Nicht gewöhnen konnte ich mich an den Straßenverkehr, die Schlaglöcher, die Staus, die Auspuffgase der Liaz', Roburs, Tatras, IFAs und den blauen Dunst und Krach der kleinen Zweitakter; schon eher an den grünen Pfeil zum Rechtsabbiegen.
Natürlich nutzten meine Frau und ich die damals schon zahlreichen kulturellen Angebote der Stadt. Einmal im Monat war die Semperoper Pflicht, früher musste man *Vitamin B* haben, um an eine Karte zu kommen, meine Frau erhielt meistens Restkarten an der Schinkelwache.
Für Führungen durch die Oper war früher eine Anmeldung mit zweijähriger Wartezeit notwendig, jetzt war es täglich möglich, auch ohne Anmeldung. Galerie der Alten Meister, Zwinger, Besuche von Museen und Ausstellungen, gehörten zu unserem Programm, genauso Aufführungen in der Operette, die in wenigen Minuten von unserer Wohnung zu erreichen war und auch Veranstaltungen im Kulturpalast, der architektonisch *wie die Faust aufs Auge* zu den historischen Gebäuden in der Nachbarschaft passte.
Touristisch hatte auch schon früher die Stadt und das Umland viel mehr zu bieten, als manche andere Großstadt. So lockten der Striezelmarkt in der Adventszeit, die Flottenparade der Schaufelraddampfer im Mai und der zoolo-

gische Garten die Besucher und uns an. Wir besichtigten Moritzburg, Schloss und Gärten und die Porzellanmanufaktur in Meißen. Mit einem historischen Dampfer fuhren wir die Elbe aufwärts bis nach Bad Schandau nahe der Grenze, standen auf den Felsen der Bastei, blickten in das Elbtal, bestaunten die Gipfel der Sächsischen Schweiz und gegenüber die mächtige Festung Königstein.
Im Herbst holten wir herrlich schmeckende Äpfel von den Obstplantagen oberhalb Pirnas und dem Sonnenstein und suchten Pilze, speziell Steinpilze, unter fachkundiger Führung in den Wäldern zur Grenze. Verwandte und Bekannte versorgten wir mit Holzschnitzereien und den berühmten Weihnachtspyramiden und Schwibbogen aus Seiffen im Erzgebirge.
Dann veränderte sich die Stadt, als wenn sie aus einem jahrzehntelangen Dauerschlaf erwachen würde. Man merkte es zuerst am Verkehr. Überall Staus, Straßen wurden gebaut, jeden Tag gab es neue Umleitungen, erheblich Verspätungen mussten eingeplant werden. Bunte Farbtupfer erhellten die tristen grauen Straßenzüge, baufällige Mauern und Gebäude wurden abgerissen, unzählige Baukräne überragten die Silhouette der Stadt, neue Häuser, Hotels, Banken, Kaufhäuser wuchsen in den Himmel.
Eines veränderte sich jedoch noch nicht. Der riesige Trümmerberg der im Krieg zerstörten Frauenkirche mit über zwanzigtausend Kubikmetern Schutt, zerborstenen Sandsteinen und rostigem Eisen, verunstaltete noch immer das *neue Bild* der Innenstadt. Die früheren Machthaber behaupteten, die gewaltige Schutthalde als Mahnmal gegen den Krieg erhalten zu wollen.

Die Wahrheit war: Das Regime und die Stadt hatten kein Geld und die kommunistischen (sozialistischen?) Funktionäre wollten das Wenige nicht für *unnütze* christliche Einrichtungen ausgeben. Der Schuttberg war im Laufe der Jahre mit Unkraut und Sträuchern überwuchert. An der

Spitze wuchs – ein kleines Wunder –, ein dünnes, spärlich belaubtes Bäumchen empor. Immer wenn ich in der Stadt war, am Trümmerberg vorbeikam und das Bäumchen sah, dachte ich mir, *die Frauenkirche lebt!*

Dann, ich glaube es war 1993, ging zuerst ein Gerücht durch die Stadt, dann wurde es amtlich: Die Frauenkirche wird wiederaufgebaut! Anfangs war die Bevölkerung noch skeptisch, glaubte nicht daran, als aber im Mai 1994 der Wiederaufbau mit dem systematischen Abbau des Schuttberges begann, schwenkte die Stimmung in eine ungeahnte Euphorie um.
Als auch noch bekannt wurde, dass keine *neue* Kirche gebaut, sondern die Frauenkirche im Original wiederaufgebaut würde, war die Begeisterung riesengroß. Initiatoren und Befürworter warben für ihr Projekt, Sponsoren konnten gewonnen werden, Spenden flossen in einer nie geahnten Größenordnung.
Der Schutt des Trümmerberges wurde nicht einfach abgetragen und wer weiß wohin abtransportiert, sondern vorsichtig untersucht, wiederverwendbare Sandsteine wurden katalogisiert, gekennzeichnet und sorgfältig aufbewahrt. Jeder dieser Steine sollte anhand von Fotografien und Zeichnungen wieder auf seinem ursprünglichen Platz verbaut werden, Hunderte total zerstörter Steine wurden in mühevoller Kleinarbeit durch neue, im Elbsandsteingebirge gewonnene und zugeschnittene Bauteile ersetzt.

Es war ein besonderer Tag im Winter 1995. Der Kalender zeigte den 13. Februar.
An diesem Tag und den folgenden, vor fünfzig Jahren, zerstörten britische Bomber mit ihrer tödlichen Fracht die Stadt und mit ihr die Frauenkirche, die zwei Tage danach ausgebrannt in sich zusammenstürzte. Die Zerstörung war sinnlos, die Stadt hatte weder eine funktionierende Rüstungsindustrie noch eine strategische Bedeutung; der Krieg war schon lange verloren und drei Monate später endgültig

beendet. Aber, Deutschland und wir Deutschen mussten bezahlen; bezahlen für einen Weltkrieg mit Millionen von Opfern, den wir begonnen hatten. Wie viele Menschen bei diesen Angriffen auf Dresden von den Bomben und der folgenden Feuersbrunst getötet wurden, konnte nie genau festgestellt werden, unzählige Soldaten auf dem Rückzug und Flüchtlinge aus den Ostgebieten, hielten sich in der Stadt ohne Registrierung auf. Historiker sprechen von circa 25 000 Toten, andere behaupten es wäre ein Mehrfaches gewesen.

An diesem Tag waren Tausende Menschen nach Dresden gekommen und in die Innenstadt gezogen. Prominente aus dem In- und Ausland waren angereist, um mit den Dresdnern und Besuchern gemeinsam diesen Gedenktag zu begehen, Touristen, Menschen, die der Bombardierung und der anschließenden Feuersbrunst entkommen waren und andere, die Angehörige, Verwandte, Bekannte, Nachbarn verloren hatten. Ihr gemeinsames Ziel war die Frauenkirche, besser gesagt, wo sie früher gestanden hatte und wo sie wieder entstehen sollte. Der Trümmerberg war verschwunden, mit den Bauarbeiten, tief unter der Erde, war schon begonnen worden. Am Wiederaufbau der Unterkirche wurde bereits gearbeitet. Zu sehen war nichts. Um die Baustelle vor Witterungsschäden zu schützen, war sie mit einem riesigen Zelt abgedeckt.
Immer mehr Menschen strömten zu diesem Platz, der die Menge kaum mehr fassen konnte. Es war inzwischen Abend und finster geworden. Dann wurde eine Kerze, ein Teelicht angezündet, erst nur wenige, dann immer mehr, zehn, hundert, tausend, mehr als tausend. Sie wurden in einem Halbkreis um die Baustelle aufgestellt. Im flackernden Licht der Kerzen sah man ernste, traurige Gesichter, es war leise, es wurde nur geflüstert. Es war 21:45 Uhr, der Zeitpunkt als vor fünfzig Jahren Fliegeralarm mit Sirenengeheul die Bevölkerung vor dem bevorstehenden briti-

schen Luftangriff warnen wollte. Plötzlich fingen alle Kirchenglocken der Stadt an zu läuten. Künstler und Techniker hatten das Geläut aus 129 Kirchenglocken von 47 Kirchen zu einer Symphonie zusammengeführt: das *Glocken Requiem*. Das Glockenkonzert dauerte nahezu eine dreiviertel Stunde, außer den Glockentönen herrschte eine fast gespenstische Stille, dazwischen nur Räuspern, Schnupfen, Schluchzen.
Es geschah etwas Seltsames, Bewegendes. Menschen in der Menge, die sich vorher noch nie gesehen hatten, sich nicht kannten, später sich nie wiedersehen würden, fassten sich an den Händen. Nein, eine Menschenkette war es nicht, eher einzelne Kettenglieder. Meine Frau hatte sich bei mir untergehakt, eine jüngere Frau rechts von ihr, hatte ihre Hand genommen, ein Mann in mittleren Jahren hatte nach meiner Hand gegriffen und festgehalten, oder ich seine? Um mich herum hatten sich mehrere Gruppen an die Hände genommen, nicht wie man sich beim Grüßen oder Verabschieden die Hände schüttelt, sondern einfach nur die Hände genommen und festgehalten. Sie sahen sich nicht an, sprachen kein Wort. Andächtig, ergriffen hörten wir gemeinsam mit ihnen, Hand in Hand, dem Glockenkonzert zu. Noch lange, nachdem der letzte Glockenton verklungen war, waren die Menschen durch ihre Hände miteinander verbunden. Langsam, zögernd trennten sie sich wieder, redeten nicht miteinander, sahen nicht die feuchten Augen der anderen, hatten selbst mit ihren eigenen Tränen zu kämpfen.
Taschentücher wurden hervorgeholt, Tränen getrocknet. Es dauerte noch über eine Stunde, bis fast alle Kerzen erloschen waren und sich die Menge schweigend aufgelöst hatte. Auch wir fuhren nach Hause, sprachen die ganze Fahrt kein Wort miteinander. Beide waren wir ergriffen und zu sehr damit beschäftigt, das soeben Erlebte zu verarbeiten.

Viele Jahre später: Mein Anstellungsvertrag in Dresden war beendet, wir hatten unsere lieb gewonnene Zweitwohnung in Kleinzschachwitz schweren Herzens aufgelöst und lebten seit 1996 wieder in unserem Haus im Taunus. Wir hatten Dresden als liebens- und lebenswerte Stadt erfahren und zahlreiche Freunde gefunden. Jedes Jahr zog es uns mindestens einmal in die Sächsische Landeshauptstadt, besuchten wir unsere Freunde, betrachteten dabei mit Freude die großartige Entwicklung die Stadt und staunten über den Baufortschritt der Frauenkirche.

Es war wieder mal so weit, wir besuchten Dresden und unsere Freunde, es war im November 2005. Wie jedes Jahr führte uns der Gang durch die Stadt zur Frauenkirche. In der Zeit davor konnten wir von Jahr zu Jahr erleben, wie die Kirche emporwuchs. Richtig sehen konnten wir sie jedoch bis jetzt nicht, Gerüste und Abdeckplanen versperrten uns die freie Sicht.
An jenem Tag jedoch war es anders. Vor wenigen Tagen, am 30. Oktober, war die wiederaufgebaute Frauenkirche unter riesiger Anteilnahme der Bevölkerung, vor Prominenten aus aller Welt, feierlich wieder eingeweiht worden. Wir hatten Glück, die herbstliche Sonne strahlte sie an, die hellen Sandsteine fingen die Sonnenstrahlen ein, dazwischen zahlreiche dunkle Flecken der Steine, die im Trümmerberg sichergestellt worden waren und wiederverwendet werden konnten. Ich war überwältigt von der Schönheit, der Pracht. Die Kirche war für mich das herrlichste Bauwerk, das ich jemals gesehen hatte. Vielleicht gibt es noch schönere noch prächtigere Bauten, aber keines war wie die Frauenkirche innerhalb von zwölf Jahren aus einem Schuttberg, einem riesigen Trümmerhaufen entstanden: Was für ein Wunder von Menschenhand!
Ich stand vor einem Wunder! Ich hatte zwei Bilder vor Augen. Noch deutlich sah ich den Trümmerberg und auf seiner Spitze das kümmerliche dünne Bäumchen und ich

erinnerte mich an meine damalige Hoffnung, ‚die Kirche lebt'.
Daneben das Livebild: Ja, es war ein Wunder! Als ich nach oben blickte, war ich überwältigt, konnte meine Tränen nicht zurückhalten. Ganz oben, auf der Kuppel der Kirche leuchtete ein prächtiges Kreuz. In der Presse war ausführlich über die Geschichte dieses Kreuzes berichtet worden. Es war ein Geschenk der englischen Stadt Coventry, der Stadt, die deutsche Flieger im Krieg zerbombt hatten. Es war viereinhalb Meter hoch, wog über eine Tonne und soll über eine halbe Million Euro gekostet haben.
Einer der Kunstschmiede, die dieses Kunstwerk geschaffen hatten, war der Sohn eines englischen Bomberpiloten, dessen tödlich Fracht an der Zerstörung der Stadt und der Frauenkirche beteiligt war. Ich sah vor meinen Augen, wie das kümmerliche Bäumchen auf dem Trümmerberg zum prächtigen Kreuz auf der wiederentstandenen Frauenkirche wurde, noch ein Wunder! Das Geschenk der Stadt Coventry, seine Geschichte und die seines Kunstschmieds, war eine großartige Geste der Versöhnung!

Das Jahr 2015 war wieder ein Jubiläumsjahr. Wieder standen zahlreiche bundesweite und regionale Veranstaltungen und Festlichkeiten *25 Jahre Wiedervereinigung* an. Eine unblutige Revolution des Volkes über einen Unrechtsstaat hatte gesiegt. Ein echter Grund dieses Wunder vor 25 Jahren, das die Bevölkerung geschafft hatte, würdig zu begehen! Aber auch an anderen Gedenktagen wurden wir erinnert. Am 13. Februar 2015 haben die Einwohner Dresdens, Touristen und viel Prominenz der Zerstörung der Stadt vor 70 Jahren gedacht, auch an das Kriegsende am 8. Mai vor 70 Jahren sollten wir uns erinnern, an die Millionen von Opfern und das Leid, das wir Deutschen über viele Völker gebracht hatten. So gegensätzlich die Ereignisse sind, sie gehören doch zusammen, sie sind Teile unseres

Schicksals und feste Bestandteile der Deutschen Geschichte. Und wir haben daraus gelernt:

Nie wieder Krieg,
sondern Freiheit und Frieden!

Meine Lieblings-Jeans

Die meisten besitzen ein besonderes Kleidungsstück. Es kann eine knackig enge Hose sein, eine bunte Bluse, ein lockeres Shirt, ein verfilzter Pullover, eine ausgebeulte Jacke, besonders bequeme Schuhe, oder Vieles mehr. Dieses Stück findet man in keinem modernen Modejournal, nicht als Schnäppchen am Wühltisch, nicht einmal im Secondhandladen erhältlich. Der Modestil hat sich schon lange geändert, das Teil ist nicht mehr modern; außer Façon geraten. Es ist ausgeweitet, ausgebeult, die ursprünglich, hellen freundlichen Farben etwas verblasst, an manchen Stellen ausgefranst, oder dünn und durchsichtig geworden. Jeden Versuch, es zu entsorgen, hat das Teil widerstanden. Eines haben diese Kleidungsstücke gemeinsam: Sie werden von ihren Besitzern und Trägern regelrecht geliebt und deshalb häufiger als andere getragen, auch bei unterschiedlichen Anlässen.

Ich hatte auch so ein Kleidungsstück. Ja, ich hatte es, aber leider jetzt nicht mehr! Es war eine Jeans, ursprünglich eine *echte Levis*, eine Bluejeans. Sie war alt, später behauptete ich, sie wäre zum Zeitpunkt dieser Geschichte *mindestens* 25 Jahre alt gewesen, was leicht übertrieben war. Tatsächlich waren es vielleicht sechs, höchstens acht Jahre. Spielte aber keine Rolle, ich liebte sie! Sie war leicht vom Gewicht, leicht ausgebeult, zwickte mich nicht im Schritt, das tiefe Jeansblau war ziemlich verblasst. Die Knie waren ganz hell, fast ohne blau, ziemlich dünn geworden, meine Haut schimmerte leicht hindurch und an den Beinenden zeigten sich schon erhebliche Fransen! Ich liebte sie und trug sie fast jeden Tag. Und mit jedem Tag wurde sie bequemer und ich nutzte sie fast bei jeder Gelegenheit. Beim Spaziergang mit und ohne Hund, beim Einkaufen und bei Treffen mit Freunden oder im Hundeklub. Meine Frau wollte sie schon mehrmals entsorgen. Nur um einen drohenden

Familienstreit zu vermeiden, konnte ich sie behalten. Der Hinweis, mein Kleiderschrank sei voller neuer und moderner Hosen, traf auf taube Ohren. Es war meine Lieblingsjeans und die verteidigte ich wie eine Löwin ihr Junges!

In der Gemeinde, in der wir schon viele Jahre lebten, wurde vor unserer Zeit ein weitläufiges Wohngebiet erschlossen. Um dieses Gebiet führte im Halbkreis ein schmaler befestigter Weg für Fußgänger und Radfahrer. Dieser Weg grenzte die Ein- und Zweifamilienhäuser zusätzlich mit einer mannshohen Hecke zu den außerhalb gelegenen Feldern und Wiesen ab. Vom Zentrum des Wohnviertels führten sternförmig angelegte Pfade zu dem Rundumweg. Diesen nutzte ich auch bei meinen zahlreichen Radtouren mit oder ohne Hund. Für den üblichen motorisierten Straßenverkehr war der schmale Weg nicht geeignet und auch nicht zugelassen. Selbst landwirtschaftliche Fahrzeuge konnten ihn nicht nutzen.

An einem wunderschönen Spätnachmittag im Frühjahr befuhr ich mit meinem Fahrrad, den Hund an der Leine, bei einer meiner zahlreichen Spazierfahrten diesen Weg. Bruni, meine Boxerhündin, lief völlig entspannt, kurz angeleint, vorschriftsmäßig rechts vom Rad, neben mir. Sie hatte im Hundeklub die Ausdauerprüfung, 20 Kilometer am Fahrrad laufen, ohne Probleme geschafft, war absolut gehorsam und hatte auch die Begleithundeprüfung mit Bravour geschafft. Ich selbst fuhr auch total locker mein übliches Tempo zwischen 15 und 20 km/h, war aber vielleicht auch nicht aufmerksam genug. Ich war an dieser Stelle alleine unterwegs, eine gefährliche Situation war weit und breit nicht zu sehen.
Plötzlich, ohne Vorwarnung, stürzte ein mittelgroßer Hund mit großen Sätzen, aus einem der schmalen Seitenpfade kommend, nicht angeleint, ohne Frauchen oder Herrchen, vor mein Rad. Total erschrocken über das aus dem Nichts kommende, lebendige Hindernis, bremste ich

heftig, unkontrolliert. War es der Körper des unbekannten Hundes oder meine instinktiv ausgeführte Vollbremsung: ich flog auf jeden Fall durch das plötzlich stehende Rad über den Lenker und landete unsanft zwei Meter davor. Benommen blieb ich einige Sekunden liegen. Mein Geist checkte in Sekundenschnelle meinen Körper durch und signalisierte mir: keine ernsthafte Verletzung. Ich erhob mich etwas wackelig, ja, es schien alles in Ordnung, war vielleicht nur durch den Schreck etwas schockiert. Mein erster Blick galt den Hunden. Sie schienen auch unverletzt, aber erschrocken, und sahen mich und die Unfallstelle neugierig an, ohne Interesse am anderen zu haben.
Jetzt endlich tauchte das Frauchen des Unfallverursachers auf. Als sie ihren unverletzten Hund sah, schien sie im ersten Moment beruhigt, als ihr Blick dann auf mich und mein Rad fiel, schlug sie die Hände über'm Kopf zusammen: „Um Gotteswillen, sind Sie schwer verletzt, soll ich die Polizei und den Notarzt rufen?"
Ich wiegelte ab, so schlimm sei es ja doch nicht! Gemeinsam besichtigten wir den angerichteten Schaden: Die Hunde waren in Ordnung, die Hauptsorge war unnötig. Das nicht mehr ganz neue Rad, nicht ganz so alt wie meine Jeans, war ziemlich verbogen, wahrscheinlich ein Totalschaden. Dann prüfte ich, inwieweit mein Körper zu Schaden gekommen war. Am Kopf schien alles in Ordnung, beide Handrücken waren leicht aufgescheuert, ebenso die Ellenbogen. Auf beiden zerkratzten Kniescheiben zeigte sich je ein Blutstropfen. Ich schüttelte meine Arme und Beine, auch alles unverletzt!
„Sie sehen ja so blass aus. Ist Ihnen schlecht geworden, geht es Ihnen nicht gut? Setzen sie sich doch mal hin. Sind Sie doch ernsthafter verletzt, soll ich nicht doch den Notarzt rufen? Wollen Sie ein Glas Wasser?", so die besorgte Frau. Ja, tatsächlich, mir war schlecht geworden, hundeschlecht, mein Gesicht schien blutleer und weiß wie ein Bettlaken! Meine ohnmachtsähnliche Erstarrung und mein

käseweißes Gesicht rührten jedoch nicht von einer Verletzung her. Es war der Blick auf meine Jeans, oder was von ihr noch erkennbar war!
Die großen Löcher in den Knien hätte ich ja noch als Trophäen mitgenommen, aber es war noch viel schlimmer! Risse gingen bis zu den Beinenden, der Bund war eingerissen. Mein trauriger Blick hatte erfasst, meine Lieblingsjeans gab es nicht mehr, sie hatte viel zu früh ausgedient! Die Tränen in meinen Augen deutete die Hundebesitzerin als Ausdruck eines Schmerzens.
„Soll ich nicht doch ...?" Ich wiegelte erneut ab. Ja, der Blick auf die Reste meiner Jeans bereiteten mir seelische Schmerzen!
Die Schadensregulierung erfolgte problemlos! Die Versicherungen der Hundebesitzerin bezahlten anstandslos den tierärztlichen Gesundheitscheck meiner Bruni, die Generalüberholung meines Fahrrads, den schwindelerregenden Preis für eine Designerjeans und entschädigten mich für die erlittenen Verletzungen an den Händen, Ellenbogen und Knien mit einem großzügigen Schmerzensgeld.

Meine Frau versuchte, meine Trauer zu lindern. Sie schnitt kurz entschlossen die Beine meiner ehemals Lieblingsjeans ab, nähte wieder den Bund zusammen und kreierte eine neue Shorts. Um sie nicht zu beleidigen und zum Dank für ihren Beistand und Hilfsbereitschaft trug ich sie zwei oder dreimal. Nein, meine Lieblingsjeans war es nicht mehr! Den Unfallort mied ich die nächste Zeit, um nicht wieder aufs Neue an sie erinnert zu werden!

Eine ganz andere Weihnachtsgeschichte.

Es war einmal ein Hund – nein, das ist keine Geschichte aus der Vergangenheit, sie geschieht dieses Jahr, geschah vor ein, zwei, drei Jahren und wird auch in Zukunft geschehen; kurz: Es ist eine Geschichte von heute, die leider nicht immer so gut ausgeht wie diese.

Da gibt es einen Hund, genauer gesagt einen Boxer. Er ist von adeliger Abstammung, hat einen langen Stammbaum und heißt eigentlich *von und zu*. Gerufen wird er aber und hören tut er meistens auf *Schoki*. Warum gerade Schoki? Nun ganz einfach: Schoki hat ein Fell wie die feinste Schokolade. Die Brust ist schneeweiß, wenn sie sauber ist, wie die leckere weiße Schokolade, der Körper zeigt hellbraune Streifen, wie die feinste Milchschokolade und dazwischen sind dunkelbraune Streifen und Flecken, wie die herrliche, bittere schwarze oder auch Herrenschokolade.

So herrlich, wie die drei verschiedenen Schokoladen schmecken und sich die Farben in Schokis Fell widerspiegeln, so ist sein Wesen. Alle guten Eigenschaften eines Boxers sind bei Schoki zusammengekommen; und die wenigen nicht so guten sind nicht erwähnenswert, Sie kennen diese sowieso. Ein lieber und liebenswerter Kerl, ein Rabauke und manches Mal ein Dickkopf, alles vereint in einem Hund; treffender gesagt: typisch für einen Boxer!

Schoki lebte in einem kleinen Rudel mit einem älteren Ehepaar. Er war zufrieden und glücklich. Schoki bekam jeden Tag sein Lieblingsfressen, ab und zu ein feines Leckerchen, manches Mal fiel auch seinem Frauchen, rein zufällig, etwas beim Kochen aus den Händen; das schmeckte dann besonders gut. Der Abend war immer der schönste Teil seines Tagesablaufs. Sein Frauchen und Herrchen saßen in dicken Sesseln und schauten in einen Kasten mit laufenden Bildern, unbekannten Geräuschen und fremden Stimmen.

Schoki lag auf Frauchens Füße und wärmte sie, er war vollgefressen, und wenn sein Frauchen sich ab und zu bückte und ihn streichelte oder am Kinn oder hinter den Ohren kraulte, da fühlte er sich wohl. Und wenn er eine Katze wäre, wie Nachbars Mausi, würde er voll Wohlbehagen schnurren. Tagsüber holten ihn Nachbars Kinder ab und spielten und tollten mit ihm herum. Sein Frauchen und Herrchen konnten das nicht mehr, sie gingen ganz langsam auf drei Beinen und sein Frauchen schob manches Mal ein komisches Fahrrad Schritt für Schritt vor sich her.

Dann eines Tages war sein Herrchen weg. Er hatte sich nicht verabschiedet, wie er es sonst immer gemacht hatte, wenn er zum Einkaufen ging, er war einfach weg. Schoki suchte sein Herrchen im ganzen Haus, es roch überall nach ihm, aber er fand ihn nicht, sein Herrchen war einfach weg.

Die nächsten Tage und Wochen saß sein Frauchen am Abend alleine vor dem komischen Kasten mit den laufenden Bildern und den fremden Stimmen. Schoki lag wie gewohnt auf ihren Füßen und wärmte sie. Ab und zu fiel ein Wassertropfen aus Frauchens Gesicht auf Schokis Nase. Er leckte an den Tropfen, sie schmeckten ganz bitter und salzig; Frauchen und Schoki waren traurig. Dann eines Morgens wartete Schoki vergeblich auf sein Frauchen, die ihm immer zur gleichen Zeit sein Fressen brachte. Schoki wartete und wartete, sein Magen knurrte schon fürchterlich vor Hunger, aber sein Frauchen kam nicht. Er spürte, heute war kein normaler Tag, die Luft war ganz anders, Schoki fror und zitterte, obwohl es im ganzen Haus warm war.
Plötzlich kamen viele fremde Leute in das Haus, sie liefen aufgeregt hin und her und waren so laut, dass es Schokis empfindlichen Ohren richtig wehtat. Und wie er es gewohnt war, wenn Besuch ins Haus kam, ging er zu den Fremden und wollte sich seine Streicheleinheiten abholen. Aber die gab es nicht, im Gegenteil: Mit ein paar Fußtritten

wurde er verjagt. Schoki verkroch sich in eine Ecke und wusste nicht, was los war. Er sah, wie zwei Männer eine große lange Kiste aus dem Haus trugen und die Leute nach und nach das Haus verließen. Sie kümmerten sich nicht um Schoki, sie hatten ihn vergessen.
Nur noch ein Mann war da; der holte ihn aus der Ecke, legte ihm sein Halsband und die lange Leine an und ging mit Schoki aus dem Haus.
Der freute sich schon, denn er glaubte, der fremde Mann würde mit ihm zum Spielen gehen. Dem war aber nicht so. Der Mann ging zu seinem Auto, sperrte die Kofferraumklappe auf, packte ihn hinein und schlug die Klappe wieder zu. Schoki ist früher häufig und gerne Auto gefahren und hat dabei durch das Fenster die Gegend betrachtet. Aber jetzt war es finster, eng und es roch schlimm nach Benzin und Öl, das juckte fürchterlich in seiner empfindlichen Nase und er musste ständig niesen.

Nach einer längeren Autofahrt, Schoki kam es wie eine Ewigkeit vor, hielt das Auto an, die Kofferraumklappe wurde wieder aufgesperrt und der Mann holte ihn heraus. Da staunte Schoki aber, er war in einem alten Bauernhof gelandet. Aus einer großen, baufälligen Scheune drang ein vielstimmiges Hundegebell und es roch auch nach Katzen, die er immer so gerne gejagt hat. Der Mann, der ihn hierhergebracht hatte, ging mit ihm in ein kleines Haus neben der Scheune. Dort war eine jüngere freundliche Frau und der Mann drückte ihr die Leine mit Schoki in die Hand. Er saß vor ihr und schaute sie erwartungsvoll an. Der Mann ging wieder fort.

Später erfuhr er, dass die junge Frau Babsi hieß, hier der Rudelführer und der Chef vom Ganzen war. Babsi nahm die Leine und sagte: „Nun da wollen wir mal“ und ging mit dem neugierigen Schoki in die Scheune. Da staunte er nicht schlecht, ein ohrenbetäubendes Gebell und Gejaule empfing sie und er hatte noch nie so viele Hunde und verschie-

dene Rassen gleichzeitig gesehen. Da gab es große und kleine, schwarze und weiße, gefleckte, Rassehunde und Mischlinge. So verschieden die Hunde waren, sie hatten eines gemeinsam: Sie hatten kein Frauchen und Herrchen mehr und waren alle sehr traurig.
Babsi ging mit Schoki eine ganz lange Reihe von Hundeboxen entlang, in jeder saß ein Hund und betrachtete neugierig den Neuankömmling. In der Mitte der Reihe war eine Box leer, Babsi öffnete die Gittertür, schob ihn hinein, gab ihm einen Klaps und ein Leckerchen und sagte: „Mach's gut, Schoki" und verschwand.

Die ersten Tage in der Scheune war Schoki sehr traurig und fraß fast nichts; sein schönes schokoladenfarbiges Fell wurde ganz grau und stumpf.
Er schloss aber bald Freundschaft mit Flori, einem Spitz, einem Mädchen, aus der Box rechts neben ihm. Flori war meistens sehr traurig, konnte aber auch sehr lustig sein; dann schlug sie dabei Purzelbäume und war der Clown im großen Rudel. Links neben ihm war die Box von Wolf, einem Schäferhund. Er war früher Hütehund, aber sein Herrchen hatte alle Schafe verloren und dann Wolf hierhergebracht. Wolf war groß, kräftig und hatte ein mächtiges Gebiss; er war nach Babsi der zweite Rudelführer.
Tagsüber war es ganz schön, da tobten die Hunde in der Scheune herum, zweimal am Tag ging Babsi mit ihnen über Felder und Wiesen, spielte mit ihnen und sie bekamen ausreichend gutes Futter. Aber die Nächte waren schlimm. Jeder war in seine Box eingesperrt, sie waren traurig und Schoki vermisste die warme Hand von seinem Frauchen. Bei Vollmond war es besonders schlimm, dann waren alle Hunde traurig, auch der sonst nicht gerade sensible Wolf. Der stimmte dann ein Geheul an, in das alle anderen Hunde einstimmten und es erklang ein schauriges Konzert, sodass sogar die mutigsten und rauflustigsten Kater von nebenan Gänsehaut bekamen.

Dann kam die Zeit vor Weihnachten. Schoki hatte schon von Weihnachten gehört, was das aber war, wusste er nicht. Er konnte sich erinnern, dass sein Frauchen ihm immer ein extragroßes Würstchen mit den Worten gab: „... weil heute Weihnachten ist“. Dieses Mal war es anders, viele fremde Leute kamen in die Scheune, schauten sich die Hunde in den Boxen an und manche nahmen einen mit. Flori, die Lustige, war gleich die ersten Tage weg. Auch vor Schoki´s Box blieben die Leute stehen; sie bewunderten sein wieder wunderschön gewordenes Fell, aber er hörte auch, wie die Leute sagten: „Nein, der ist zu groß für unsere Kinder“ oder „Der hat ja keinen Schwanz“ oder „... das ist ja gar kein richtiger Boxer, der hat ja Schlappohren“. Und so entschieden sich die Leute für andere Hunde und am Tag vor Weihnachten fand auch Wolf eine neue Familie. Schoki war jetzt ganz alleine in der großen Scheune, alle hatten eine Familie gefunden, nur er nicht und war wieder sehr traurig.

Am Weihnachtstag kam Babsi in die Scheune, ging von einer Box zu anderen, sah, dass alle leer waren, nur Schokis Box nicht. Da nahm Babsi ihn heraus, sagte: „Weil heute Weihnachten ist“, und nahm ihn mit in ihr Büro. Während Babsi ihre Jahresabrechnung machte, legte er sich auf ihre Füße, wärmte sie und fühlte sich gleich wohler. Später bekam er sogar ein extra Würstchen und Babsi sagte wieder: „Weil heute Weihnachten ist“. Er drehte seine Knopfaugen nach allen Seiten und dachte nach: „Ist das Weihnachten, das kann doch nicht alles sein, da muss es doch noch etwas anderes geben!“ Die nächsten Tage waren sehr langweilig und Schoki fühlte sich sehr einsam; er war ja alleine in der großen Scheune.
Aber zwei Tage nach der Nacht, in der es heulte und krachte und wunderschöne bunte Sterne ganz kurz am Himmel erschienen, da wurde es wieder lebendig in der Scheune. Wieder kamen fremde Leute, brachten einen

Hund mit, gaben ihn an Babsi ab. Die schob ihn wieder in seine alte Box und sagte: „Herzlich willkommen zu Hause.“ Die Woche war kaum vergangen, da waren alle Boxen in der großen Scheune wieder belegt, Flori war wieder da, Wolf auch und fast alle anderen Freunde, die Schoki noch von Vorweihnachten kannte; waren auch wieder da, und auch ein paar Neue.
Wieder wurde in der Nacht geheult und gejammert und die Katzen im Katzenhaus, das auch wieder voll belegt war, hielten sich vor Schreck die Ohren zu. Jetzt kam die schlechte Jahreszeit, die ersten Tage im neuen Jahr. Es regnete ununterbrochen, es war grau und nass, die Felle trockneten schlecht, alle hatten schlechte Laune, auch Babsi, sie spielte nicht mehr mit den Hunden, die auch gereizt waren, Flori machte keine Purzelbäume, Wolf fing jeden Tag eine Beißerei an, selbst die Katzen fauchten und kreischten.
Sechs Tage, nachdem es in der Nacht so fürchterlich gekracht hatte und so wunderschöne Sterne mit einem Zischen am Himmel erschienen und dann wieder zerplatzten, war die Stimmung besonders mies. Babsi kam in die Scheune, ging zu Schokis Box, holte ihn heraus und führte ihn zu ihrem Auto. Es war ein Kombi mit einer Doppelbox im Heck; sie hob ihn hinein und fuhr los. Die Fahrt führte sie in die nahe gelegene Stadt, bis Babsi vor einem großen, hohen Haus auf einen Parkplatz fuhr.

Sie stieg aus, holte Schoki aus der Box und ging mit ihm in das Haus. Drinnen sah er viele alte Menschen, so wie sein Frauchen und sein Herrchen früher waren. Viele gingen langsam auf drei Beinen, manche hatten sogar vier und einige hatten so ein komisches Fahrrad wie sein Frauchen eines gehabt hatte. Dazwischen liefen jüngere Menschen eilig hin und her, sie hatten alle weiße Kleidung an, sie grüßten Babsi ganz freundlich und sahen Schoki neugierig an. Er freute sich auch, so viele freundliche Stimmen zu hören, und da er keinen Schwanz hatte, wackelte er mit

seinem Hinterteil. Das gefiel wiederum den alten Leuten und sie lachten ihn an.
Babsi ging mit ihm in einen großen Raum. Schoki sah einen hohen Baum in einer Ecke, von denen er schon viele im Wald, aber noch nie in einem Haus gesehen hatte. Der Baum roch zwar nach Wald, aber er sah doch ganz anders aus. Viele bunte Kugeln hingen an den Ästen und viele kleine etwas flackernde Lichter. Mit einem dieser Lichter hatte Schoki als Welpe einmal eine schlimme Begegnung gemacht. Als er dieses Licht mit seiner Nase näher erkunden wollte, hatte er sich ein Barthaar verbrannt und es hatte sehr wehgetan. Seitdem mied er diese Lichter. Aber die auf dem Baum strahlten eine wohlige Wärme aus, dass er keine Angst mehr vor ihnen hatte, und er fühlte sich wieder wohl.
Jetzt sah er auch, dass viele alte Leute auf Stühlen saßen, die in einem Kreis aufgestellt waren. Babsi setzte sich auf einen freien Stuhl und Schoki daneben. Sie redete mit den Leuten, deutete einige Male auf ihn und streichelte ihn. Dann stand sie auf, und führte ihn zu den alten Frauchen und Herrchen. Zuerst hatten einige Angst, aber Schoki bemühte sich ein besonders freundliches Gesicht zu machen und den linken unteren großen Zahn, der immer zwischen seinen Lippen hervorlugte, zu verstecken und wackelte wieder mit seinem Hinterteil. Einige der alten Leute trauten sich jetzt, ihn zu streicheln, sprachen mit ihm und steckten ihm einen Keks zu, der vom Nachmittagskaffee übriggeblieben war; das gefiel Schoki ganz besonders.
Vor einer Frau, die seinem Frauchen sehr ähnlich sah, setzte er sich hin, und als er sah, wie die müden Augen plötzlich zu Strahlen anfingen und ihn anlachten, da legte er seinen dicken schweren Boxerschädel in ihren Schoß. Sie streichelte ihn mit ihren knochigen und zitterigen Fingern, kraulte ihn hinter seinen Schlappohren und sprach leise zu ihm. Und es fielen ein paar Wassertropfen aus ihrem Gesicht auf Schokis Nase. Er leckte daran und dieses

Mal schmeckten die Tropfen nicht bitter und nach Salz, nein, jetzt schmeckten sie zuckersüß, es waren ja Freudentränen.
Und jetzt spürte Schoki plötzlich wie aus seinem kleinen, starken Körper Kraft in die alte Frau strömte und sein eiserner Wille sich auf sie übertrug. Und sie dankte es ihm mit leuchtenden Augen.
Da fühlte er sich glücklich und zufrieden. So ging Schoki von Stuhl zu Stuhl, von einem alten Menschen zum Nächsten. Und jedes Mal geschah es wieder. Seine Kraft übertrug sich auf die Menschen, deren Augen plötzlich lebendig wurden und strahlten. Als er Allen, die da im Kreis saßen, seine Kraft und starken Willen übertragen hatte, sah er nur lauter strahlende Augen, in denen sich die kleinen Lichter spiegelten. Die Menschen fühlten sich glücklich und Schoki auch.

Die Stunde verging viel zu schnell, Babsi verabschiedete sich von den Leuten, und sie steckten Schoki noch einige Kekse zu. Er dankte mit heftigem Wackeln seines Körpers, aber jetzt begann das Wackeln gleich hinter den Schlappohren.
Sie fuhren wieder zurück und Babsi brachte Schoki wieder in seine Box. Die anderen Hunde waren neugierig und er musste von seinem Ausflug, den alten Menschen und seinen Erlebnissen erzählen. Und obwohl es wieder Vollmond war, waren sie alle still und lauschten, was er zu berichten hatte.
Später kam Babsi wie immer in die Scheune, um zu schauen, ob alles in Ordnung sei und bevor sie das Licht für die Nacht ausmachte, ging sie zu Schokis Box, schaute ihn lange an und sagte leise: „Schoki, das hast Du gut gemacht, ich bin stolz auf Dich. Du sollst jetzt mein neuer Therapiehund sein, und in der nächsten Woche fahren wir in die Stadt und besuchen wieder die alten Leute." Mit

diesen Worten löschte sie das Licht aus und verließ die Scheune.
Schoki fühlte sich glücklich wie noch nie in seinem Hundeleben, er kringelte sich in eine Ecke seiner Box zusammen, steckte seine Samtschnauze in die alte Decke, die dort lag und als er eingeschlafen war, träumte er. Schoki träumte von den alten Leuten in der Stadt, von ihren leuchtenden Augen, den zittrigen, knochigen Händen, den süßen Wassertropfen, die aus ihren Gesichtern fielen und seine Lefzen zitterten im Traum vor Aufregung:
„Jetzt weiß ich, was Weihnachten ist: Menschen Freude bereiten."

Fröhliche Weihnachten

Ein Tag vor Heiligabend war die Stimmung bei Wagners ungewohnt hektisch, nervös und manchmal sogar etwas gereizt.

Die Familie Wagner sind vier Personen. Da ist Ulla Wagner, sie hatte vor zwölf Jahren von einer Großtante einen kleinen Bauernhof am Rande der Großstadt geerbt. Nach zwei harten Jahren war dieser Hof umgebaut und renoviert worden. Sie hatte ihren Willi, einen Schlossermeister aus der Maschinenfabrik in der Stadt geheiratet und sie hatten gemeinsam ihr neues Heim bezogen. Nach zwei Jahren kam Lennart auf die Welt und nach weiteren zwei Jahren die Tochter Susi. Die beiden Kinder sind der ganze Stolz von Ulla und Willi. Sie sind heute schon acht und sechs Jahre alt und gehen fleißig zur Schule.

Mittelpunkt des Hofes ist das Wohnhaus. Im Eingangsbereich befinden sich eine Garderobe und die Gästetoilette. Dann kommt ein langer Flur, von dem man in ein Gästezimmer, Wohn- und Esszimmer gelangt. Am Ende des Ganges liegt die Küche.

Über eine steile Holztreppe kommt man in den ersten Stock, wo sich das Elternschlafzimmer, zwei Kinderzimmer und das Bad befinden. Hinter der Küche im Erdgeschoss kommt man in einen nach oben offenen Verschlag und von da in den Stall, der rechtwinkelig zum Wohnhaus steht. Gegenüber vom Stall war eine Scheune gebaut, die für Vorräte, Maschinen, Geräte, Willis Werkstatt und eine Doppelgarage genutzt wird. Zwischen Stall und Scheune liegt der Hof. Hinter dem Wohnhaus hat Ulla einen kleinen Gemüsegarten angelegt, den sie pflegt und bewirtschaftet. Natürlich leben auf dem Hof außer den Wagners noch allerlei Tiere. Im Stall stehen drei Kühe, fünf Schafe und ein Pferd, das aber nur vorübergehend zur Pflege untergestellt ist. Auf dem Hof gackern 20 bis 30 Hühner mit ihrem

Hahn, einige Gänse, die aber immer vor Weihnachten verschwinden. Auf dem Anwesen streunen Maunz und Kauz, zwei Katzen, die nur zum Spaß manches Mal Mäuse jagen, weil sie von Lennart und Susi mehr als ausreichend gefüttert werden.

Ein Hausschwein läuft im Stall und Hof frei herum und genießt bei den Menschen und Tieren Narrenfreiheit. Es war vor knapp drei Jahren zu Neujahr als Glücksschwein zu einer wohlhabenden Familie in die Stadt gekommen, die es aber schon einen Tag später wieder abgegeben hatte, was der Familie aber kein Glück brachte. Über einen Umweg kam es zu den Wagners. Als dann der Schlachttermin feststand und der Metzger schon bestellt war, gab es ein großes Geheule von Lennart und Susi, und Ulla meinte, ein Glückschwein zu schlachten bringe nur Unglück. Also wurde der Metzger abbestellt, und in der Folge weitere fünf Schlachttermine abgesagt, das Schwein wurde Miss Piggy genannt und ist jetzt nicht nur ein Hausschwein, sondern auch ein Haustier geworden und gehört zu Familie.

Es gibt natürlich auch einen Hund namens Paula. Im Sommer liegt Paula meistens faul im Hof, abwechselnd einmal in der Sonne, dann wieder im Schatten. Sie döst vor sich hin und wartet auf den Briefträger, den sie jeden Tag, nur zum Spaß, richtig anbellt und anknurrt und sich diebisch freut, wenn dieser vor Schreck die Post mitten auf dem Hof wirft und diesen in Panik schnellstens wieder verlässt. Wenn Paula Langeweile hat, springt sie hinter Maunz und Kauz her, bis die sich fauchend und kreischend im Stall verstecken. Am meisten Spaß hat Paula aber, die Hühner zu jagen und dann mitten in einer Wolke von Federn zu stehen. Sonst ist Paula absolut friedlich und ein ausgesprochen pflegeleichter und kinderlieber Familienhund. Paula und Piggy sind enge Freunde und spielen gerne zusammen. Piggy riecht so herrlich, besser noch als alle anderen Hunde, die Paula kennt, ja besser auch als Charly, ihr Freund aus dem Nachbardorf. Und Piggy kennt auf dem

Hof und rundherum jede Pfütze und jedes Dreckloch, in dem man sich so wunderschön wälzen und baden kann. Wenn der Bauer aus der Nachbarschaft seine Wiesen und Felder düngt, ist dies für Paula und Piggy wie der reinste Wellnessurlaub.
Und, beinahe hätte ich es vergessen zu erzählen, Paula ist gut zwei Jahre alt und eine goldgestromte Boxerhündin. Die Familie Wagner ist Mitglied im Boxerklub in der Stadt und fährt ein- bis zweimal in der Woche zu dessen Ausbildungsplatz und übt dort mit Paula für die Vielseitigkeitsprüfung für Gebrauchshunde. Die Begleithundeprüfung hat sie wegen ihres Temperamentes geradeso mit Ach und Krach vor einem halben Jahr geschafft. Die Übungstage sind für Paula wahre Festtage. Während für sie das Jagen des Briefträgers, von Maunz und Kauz und der Hühner, reiner Spaß ist, so kann sie hier ihre wahren Kräfte mit dem Schutzdiensthelfer messen und meistens darf sie als Siegestrophäe den Schutzarm des Helfers forttragen.

So, aber jetzt zurück zu unserer Geschichte: Wie schon gesagt, war die Stimmung bei Wagners einen Tag vor Heiligabend ungewöhnlich nervös und hektisch. Ulla und ab und zu auch Willi, verschwanden häufig in die Küche und in den dahinterliegenden Verschlag, der zur Scheune führt. Immer wenn Lennart oder Susi ihren Eltern nachlaufen oder durch einen Türspalt nachspionieren wollten, bekamen sie einen gehörigen Anpfiff und wurden ins Kinderzimmer gescheucht.
„Lest in euren Büchern oder macht ein Spiel zusammen, aber verschwindet hier, dalli, dalli!“
Nach der fünften Aufforderung, als Ulla drohend „Lennaaart“ rief und dabei das „a“ ganz langzog, da wusste er aus Erfahrung, jetzt ist die Grenze erreicht und er verzog sich lieber mit seiner Schwester in das Kinderzimmer.
Dabei dachte sich Lennart, was die Eltern nur wollten und so ein großes Geheimnis machten. Er konnte sich noch

genau an das letzte Weihnachten erinnern, als die Eltern in dem Verschlag hinter der Küche die Geschenke für ihn und seiner Schwester versteckt und sie auch immer verscheucht hatten, wenn sie allzu neugierig werden wollten. Aber dieses Jahr war es doch etwas anderes. Er ahnte schon, was er geschenkt bekommen würde. Sicher das heiß gewünschte Skateboard und ein Handy, vielleicht auch noch den neuesten Band von *Harry Potter*. Auch Susi hoffte das Hochzeitskleid für ihre Barbiepuppe zu bekommen und eine Video-Kassette mit *Der König der Löwen*. Weshalb dann noch die Geheimniskrämerei der Eltern. „Nun ja, diese Eltern meinen immer noch wir seien kleine Kinder und glauben noch an das Christkind!"
Lennart und Susi hatten sich tatsächlich in den ersten Stock, in ihr Kinderzimmer verzogen und beschäftigten sich selbst. Plötzlich hörten sie ein Auto auf den Hof fahren und Jemand an die Haustür klopfen. Aus der Küche vernahmen sie Vaters Schritte, der die Haustür öffnete und den Unbekannten mit *Hallo* begrüßte und der mit „Guten Abend" antwortete. Lennart und Susi waren neugierig geworden. Sie schlichen leise die Treppe zum Erdgeschoss hinunter und sahen gerade noch, wie die Eltern und Doktor Scholz in der Küche verschwanden. Doktor Scholz war der Tierarzt aus dem Nachbardorf und betreute die Tiere auf dem Hof. Er kam drei-, viermal im Jahr, wenn eine Kuh gerade Schnupfen hatte oder ein Kälbchen geboren wurde. Was er aber heute, einen Tag vor Weihnachten, auf dem Hof wollte, kam den Kindern schon sehr seltsam vor. Die Kühe waren alle gesund, ein Kälbchen wurde auch nicht erwartet, was wollte dann der Doktor, ausgerechnet heute?
Sie kümmerten sich aber nicht mehr weiter um den Doktor und warum er gekommen ist, gingen wieder zurück in ihr Zimmer und spielten weiter. Später hörten sie wie Doktor Scholz das Haus wieder verließ und zum Abschied meinte: „Es wird nicht mehr lange dauern, rufen Sie mich an, wenn

es so weit ist!“ Auch das kam den Kindern schon sehr seltsam vor. Was sollte nicht mehr lange dauern? Es war doch allen klar, dass es nicht mehr lange bis Weihnachten dauern wird und morgen ist ja auch schon der *Heilige Abend*, aber das müsste doch Doktor Scholz selbst wissen!
Gleich nach dem Abendessen schickten die Eltern die Beiden ins Bett, und nicht wie üblich, zu betteln, „Mama, nur noch eine halbe Stunde“, gingen die Zwei ohne Widerrede. Der Tag war ja so aufregend gewesen, und sie waren eingeschlafen, bevor die Mutter noch mal ins Kinderzimmer kam, um ihnen einen Gutenachtkuss zu geben.

Am nächsten Morgen, es war der Tag des Heiligen Abend, erwartete die Kinder eine Überraschung. Über Nacht hatte es kräftig geschneit und gleich nach dem Frühstück ging es raus in den Hof zum Schneeräumen. Die Eltern waren im Haus geblieben und ihre Mutter hatten Lennart und Susi noch gar nicht gesehen. Die war sicher wieder mit den Vorbereitungen für das Abendessen in der Küche beschäftigt. Aber anstatt den Schnee zu kehren, gab es zuerst eine handfeste Schneeballschlacht. Als ein besonders hartes Geschoss Susi am Kopf getroffen hatte, wollte sie heulend ins Haus laufen. Aber Lennart konnte heute, am Heiligen Abend, kein Donnerwetter der Eltern riskieren und versprach Susi, mit ihr einen Schneemann zu bauen, was die kleine Schwester wieder beruhigte.
Später stolperten sie außer Atem und pitschnass ins Haus und mussten sich sofort trockene Kleidung anziehen, jetzt doch begleitet von einem Donnerwetter vom Vater, das aber nicht so schlimm ausfiel. Von Mutter war immer noch nichts zu sehen.
Dann durften Lennart und Susi mit ihrem Papa den Weihnachtsbaum schmücken. Das war toll! Zuerst die bunten Kugeln, dann die kleinen bemalten Holzfiguren und die Strohpuppen. Ab und zu steckte Mutti ihren Kopf in die Tür, um zu sehen, ob noch alles in Ordnung war.

Sie schaute sehr ernst und ihre Sorgenfalte auf der Stirn war ganz tief. Aber auch der Vater schien nicht ganz bei der Sache zu sein. Er verschwand auch manches Mal in der Küche und sah dabei nicht gerade fröhlich drein. Jetzt konnten die Kinder den Baum alleine weiterschmücken. Das war eine große Freude und sie hatten viel Spaß. Den oberen Teil des Baumes konnten sie nur mit Hilfe von Papa behängen. Den Stern an der Spitze durfte Lennart anbringen. Dazu hob ihn sein Vater hoch, denn der Baum war über zwei Meter hoch. Die oberste Kerze durfte Susi festmachen. Die beiden Kinder waren ganz rot vor Anstrengung geworden und begeistert von ihrer Arbeit, auch der Vater lobte sie.
Dann ging es in die Kirche zum Kindergottesdienst am Nachmittag. Auch seltsam, dass die Eltern nicht mitgingen, was sie sonst immer gemacht hatten.
„Wir haben noch viel zu tun, geht mal alleine, ihr kennt ja den Weg“, war die wenig überzeugende Antwort der Eltern auf die Fragen der Kinder. Auf dem Hof kam ihnen in einer dichten Schneewolke ein Jeep entgegen. Zur Überraschung der Kinder stieg Doktor Scholz aus dem Auto. Was will denn der schon wieder. Die Neugier war bei Lennart besonders groß und er fragte: „Ist etwas mit unserer Mary?“ Mary war eine der Kühe im Stall und Lennart konnte sich erinnern, dass Doktor Scholz immer gekommen war, wenn Mary ein Kälbchen bekommen hatte.
„Nein, alles in Ordnung“, antwortete der Doktor und verschwand lachend im Haus.
„Diese Erwachsenen“, war der Kommentar von Lennart und er ging artig mit seiner Schwester Susi zur Kirche.

Gleich nach dem Gottesdienst stürmten die beiden nach Hause; sie wollten auf keinen Fall die Bescherung versäumen. Auf dem Hof angekommen war ihr Vater gerade dabei, den Tisch zu decken. Er war lustig anzusehen, mit seiner etwas beschmutzten Schürze. Sonst machte dies ja ihre

Mutter, aber heute war weder von ihr noch vom Doktor Scholz etwas zu sehen. Dass er noch im Haus war, wussten die beiden, sein Auto stand ja noch vor der Tür.
Dann trug der Vater das Essen auf. Das roch herrlich, es gab Gänsebraten und selbst gemachte Knödel, ein Lieblingsgericht für die ganze Familie. Dass die Gans von ihrem eigenen Hof stammte, durften die Kinder nicht wissen, sonst hätten sie bestimmt nichts gegessen und das Geschrei wäre riesengroß geworden. Der Vater hatte auch für den Doktor mitgedeckt. Mutter steckte den Kopf durch die Tür und sagte: „Fangt schon mal an, wir kommen nach!“ Der Vater gab den Kindern und sich selbst eine ordentliche Portion auf und wünschte Guten Appetit. Der Hunger war jedoch verflogen. Lennart und Susi stocherten auf ihren Tellern herum und dachten nur daran, ob sie denn auch die erhofften Geschenke bekommen werden. Die Neugier wurde immer größer und die Spannung stieg. Die beiden rutschten unruhig auf den Stühlen hin und her. Endlich räumte der Vater die Teller ab, die für Mutti und Doktor Scholz ließ er stehen und brachte das übrig gebliebene Essen in die Küche.
„Kann ich dir helfen“, fragte Lennart und hoffte auf diesem Weg einen Blick in die Küche werfen zu können.
„Nein, und jetzt verschwindet in eure Zimmer. Wenn es Bescherung gibt, wenn es so weit ist, wird die Glocke läuten.“

Bei Wagners war es Tradition, wenn Mutti oder Vati mit einer großen Kuhglocke läuten, dürfen die Kinder in das Wohnzimmer kommen. Dort steht der Weihnachtsbaum und dann gibt es die Geschenke. So auch dieses Jahr. Es dauerte eine kleine Ewigkeit, bis die Glocke läutete. Die Kinder waren äußerst aufgeregt, ihre Wangen waren gerötet und die Augen blitzten voller Erwartung. Sie stürzten die Treppe hinunter und rissen die Tür zum Wohnzimmer auf. Einen Moment blieben sie stehen. Das Wohnzimmer lag im Halbdunkel, nur die Kerzen auf dem Weihnachtsbaum brannten und das flackernde Licht spiegelte sich tausendmal in den bunten Glaskugeln. Der Weihnachtsbaum war dieses Jahr besonders schön, nun, sie hatten ihn ja fast ganz alleine geschmückt. Im Hintergrund ertönten leise Weihnachtslieder von einer CD. Die beiden Kinder und Vater mit seiner tiefen Bassstimme summten und sangen mit. Es war ein besonders feierlicher Moment, die Kinder vergaßen sogar für einige Zeit ihre Neugierde, verharrten still auf ihrem Platz und blickten mit strahlenden Augen auf den festlich leuchtenden und bunt geschmückten Baum. Plötzlich steckte ihre Mutti den Kopf in die Tür: „Fangt schon mal an die Geschenke auszupacken, Doktor Scholz und ich kommen gleich dazu.“

Mit einem Geschrei stürzten sich Lennart und Susi auf ihre Päckchen unter dem Weihnachtsbaum, die mit kleinen bunten Namensschildern gekennzeichnet waren, rissen ungeduldig das schöne bunte Paper auf und öffneten die Verpackung. Das größte Paket gab es für Lennart. Natürlich war das heiß ersehnte Skateboard drin. Und es gab noch einen bunten Helm, Knie- und Ellbogenschützer und Schutzhandschuhe für alle Fälle und für einen Anfänger wie Lennart unbedingt notwendig! Susis Wunsch war auch in Erfüllung gegangen, endlich hatte sie das schönste aller Hochzeitskleider für ihre Barbie bekommen. Auch der Vater hatte seine Geschenke aufgemacht, zwei Hemden wie üblich, dicke Handschuhe und feste hohe Stiefel für den Wald. Alle Geschenke waren ausgepackt, nur noch drei Päckchen für die Mutti lagen noch unversehrt unter dem Baum.

Lennart hatte gerade seinen Helm aufgesetzt, die Knie- und Ellenbogenschützer angezogen und stand mit einem Bein auf dem Skateboard, Susi zog ihrer Barbie das Hochzeitskleid an, der Vater war gerade in einen Stiefel geschlüpft und kämpfte mit dem zweiten, den er absolut nicht anbekam, da wurde plötzlich die Tür aufgerissen:

Ihre Mutter kam herein und hinter ihr Doktor Scholz. Mutter strahlte über das ganze Gesicht, sie lachte herzlich, so fröhlich hatten die Kinder ihre Mutter schon einige Tage nicht mehr gesehen, und sie rief laut voller Freude in das Zimmer hinein: „Hört mal her, unsere Paula ist Mama geworden und sie hat neun süße Babys!"
Einen Augenblick standen die Kinder ganz starr vor Überraschung, hatten Mund und Augen aufgerissen, brachten aber keinen Ton hervor. Susi erinnerte sich, dass sie Paula schon einige Tage nicht mehr gesehen hatte und Lennart hatte seine Mutter gefragt, warum Paula denn so dick sei. Sie hatte dann ganz locker gemeint, sie hätte bestimmt wieder zu viel gefressen, was ja auch ab und zu vorkam. Jetzt verstanden die Kinder die Zusammenhänge. Und mit einem Freudengeheul stürzten sie zu ihrer Mutter und riefen und schrien wild durcheinander.
„Wo sind die Babys, wo ist Paula? Wir wollen die Babys sehen!", lachend bremste die Mutter die übergroße Begeisterung etwas ab.
„Langsam, langsam meine Lieben. Paula und ihre Babys sind im Verschlag hinter der Küche. Ihr könnt sie aber jetzt im Moment nicht sehen, Paula ist jetzt sehr müde und die Babys brauchen auch Ruhe, vielleicht später."
Jetzt verstanden auch Lennart und Susi, warum sie die letzten Tage nicht in die Küche gehen durfte. Sie hatten gemeint, im Verschlag seien die Weihnachtsgeschenke versteckt, in Wirklichkeit hatte Paula dort in ihrem Bettchen geschlafen und hatte da ihre Babys bekommen.
Dr. Scholz klopfte Willi auf die Schulter und sagte fröhlich: „Gratuliere herzlich!" Dann setzten sich alle an den großen Tisch, Willi holte eine Kostbarkeit aus dem Schrank und schenkte davon den Erwachsenen ein Glas ein. Der Doktor hob sein Glas und meinte: „Zum Wohl, auf Euren ersten Wurf!"

Nach dem zweiten Glas drängelten die Kinder und wollten wieder zu den Babys. Ihre Mutter musste sie wieder abwehren und beruhigte die aufgeregten Kleinen.

„Holt mal ein Stück Papier und einen Kugelschreiber und dann dürft ihr euch Namen für die Babys aussuchen und aufschreiben. Die Namen müssen aber alle mit dem Buchstaben ‚A' anfangen, denn die Namen der Babys aus dem ersten Wurf beginnen alle mit ‚A'". Lennart darf sich vier Namen aussuchen, wir haben vier Jungen unter den Welpen, und Susi darf fünf Namen auswählen, wir haben nämlich fünf Mädchen!" das war eine Freude für die Kinder!

„Ich hab einen: Anna", rief Susi,

„Adi und Anton", meinte Lennart.

Mitten in die lautstarke Suche nach den Namen für die Hundebabys klopfte es an die Tür, und Heinz Weiss trat in die Stube. Er ist der Zuchtwart des Boxerklubs in der Stadt und für alles verantwortlich, wenn Boxerbabys auf die Welt kommen. Er ging gleich mit der Mutter zu den Babys, um sie sich anzusehen und zu beurteilen. Nach einer Weile kamen sie wieder zurück. Heinz Weiss schüttelte dem Vater und dem Doktor die Hand, klopfte den Kindern auf die Schultern und meinte: „Gratuliere, ein toller Wurf!" Dann musste er sich zu der Runde setzen, Willi holte noch ein Glas und schenkte rundum nochmals von seinem edlen Tropfen ein. Dann begann das Erzählen, Fachsimpeln, während die Kinder weiter nach geeigneten Namen für die Welpen suchten. Lennart hörte mit einem Ohr zu, was die Erwachsenen so erzählten. Da fielen Begriffe wie *Zuchtwertschätzung, Zuchttauglichkeitsprüfung*, alles Dinge, mit denen Lennart nichts anfangen konnte. Zweimal fiel auch der Name *Charly,* das war der fünfjährige Boxerrüde aus dem Nachbardorf. Er war groß, kräftig, hatte ein hirschrotes Fell und ging auch zum Üben auf den Platz des Boxerklubs in der Stadt. Lennart konnte seine Neugier nicht mehr

bremsen und er platzte mitten in das Gespräch der Erwachsenen.
„Was ist mit Charly, warum sprecht ihr von ihm?"
„Aber Lennart", lachte der Vater, „Charly ist doch der Papa von Paulas Babys!"
Da gab es nochmals ein Freudengeheul! Charly war bei den Kindern sehr beliebt, sie spielten gerne mit ihm, er war äußerst kinderfreundlich und bestens ausgebildet. Er hatte sämtliche Prüfungen, die es im Hundesport gibt, mit der besten Note *vorzüglich* bestanden. Aber er war auch ein Rabauke und ging keinem Streit mit anderen Hunden aus dem Weg. Sein linkes Schlappohr war bis zur Mitte tief eingerissen und zeugte von seinen zahlreichen bestandenen Kämpfen.
Es war schon spät geworden, der Doktor und Heinz Weiss brachen auf und verabschiedeten sich von den Wagners.
„Rufen Sie mich an, wenn etwas los ist", meinte der Doktor und Heinz Weiss meinte: „Macht es gut, ich komme die nächsten Tage wieder vorbei."
Jetzt kehrte wieder Ruhe im Haus ein, die Familie setzte sich nochmals an den Tisch und Ulla kam endlich dazu, etwas vom köstlichen Gänsebraten zu essen. Die Kinder naschten inzwischen von den Süßigkeiten, die sie von den Großeltern erhalten hatten.
„Jetzt ist es aber höchste Zeit, dass wir ins Bett gehen", meinte die Mutter und gähnte heftig, „es war ein anstrengender und aufregender Tag!"
„Aber Mama, wir wollen doch noch die Babys sehen, bitte, Du hast es uns doch versprochen!"
„Nun gut, aber nur einen Augenblick, seid leise und geht nicht zu nahe ran", meinte ihre Mutter.
Sie gingen dann vorsichtig durch die Küche in den dahinterliegenden Verschlag, der weiter in den Kuhstall führte. Von der Decke leuchtete eine rote Lampe, die warmes und schummriges Licht spendete. Vom Stall dampfte es warm und es roch herrlich nach den Kühen. Im Verschlag hatte

der Vater auf Stroh und alten Decken die Wurfkiste aufgebaut. In der Kiste lag Paula ausgestreckt auf der Seite und blickte mit ihren Knopfaugen auf die Vier. Sie war viel zu müde und zu erschöpft, ihren Kopf zu heben. Zwischen ihren Vorder- und Hinterpfoten lagen mehrere bunte Fellflecke, die sich leicht bewegten und wie Mäuse piepsten. Da gab es dunkelgestreifte Felle, helle und ein weißes Stück Fell war auch dabei. Auch ein hirschrotes Stückchen, das hatte die gleiche Farbe wie das Fell von Charly.
Ulla hatte ihren linken Arm um Willis Hüfte gelegt, ihren Kopf an seine Schulter. Die Kinder standen vor ihren Eltern, die sie mit einer Hand umarmten. Andächtig sahen die Vier auf das kleine Wunder vor ihnen. Sie drückten sich fest aneinander und die Mutter sagte ganz leise: „Fröhliche Weihnachten, meine Lieben.“ Vater waren Freudentränen in seine Augen gestiegen, er musste einige Male heftig schlucken und seine Stimme klang ganz heißer als er antwortete:
„Ja wirklich, ein Fröhliches Weihnachten!“

Mein schönster Kuss

Der Leser wird sich denken: „Sein schönster Kuss, ach, wie langweilig. Darüber könnte ja jeder eine Geschichte schreiben. Was ist an seinem schönsten Kuss schon so interessant, dass er darüber schreibt und vielleicht riskiert, den Leser zu langweilen? Fast jeder hatte doch schon mal das Erlebnis des angeblich schönsten Kusses gehabt. Sei es mit der ersten Freundin oder Freund, beim Liebesgeständnis, beim Heiratsantrag, nach dem bestandenen Examen, in der Hochzeitsnacht oder bei vielen anderen Erlebnissen und Gelegenheiten. Also, was ist so interessant an diesem Kuss, dass uns der Autor an seiner Geschichte teilhaben lassen will?"

Ja, für mich war es ein besonderer Kuss! Ich musste weit über 70 Jahre alt werden, um diesen Kuss zu erleben, zu genießen, um ihn nie zu vergessen! Er war einmalig schön! Für mich der allerschönste Kuss, den ich bis jetzt erhalten, gegeben oder ausgetauscht habe. Natürlich habe ich auch all diese sogenannten *Schönsten* erlebt. An die Freundin, mit der ich den ersten Kuss getauscht habe, kann ich mich nicht mehr erinnern. Auch die Zahlreichen, die ich später mit Freundinnen oder auch mit meiner Frau genossen habe, sind im Laufe der Jahre in Vergessenheit geraten; auch die vor und während der ersten Liebesnacht! Es waren wahrscheinlich, der jeweiligen Situation angepasst, alles schöne oder auch schönste Küsse dabei, aber nicht mit dem zu vergleichen, den ich jetzt erleben durfte.

Es ist an sich eine traurige Geschichte.

Unser Leben, das meiner Frau Uschi und meines, bisher einigermaßen gesund und zufrieden verlaufen, änderte sich innerhalb eines Tages total. Ein schwerer Schicksalsschlag, undenkbar für uns bis dahin, warf uns komplett aus unserem bisherigen Lebensweg und zerstörte die Planung für unseren letzten Lebensabschnitt.

Uschi erlitt mehrere Schlaganfälle und musste auch im Krankenhaus nach mehreren Stürzen an der Wirbelsäule operiert werden. Durch die Schlaganfälle war sie linksseitig in ihrer Bewegung stark eingeschränkt, konnte nicht mehr ohne Hilfe stehen, selbstständig gehen schon gar nicht.

Dazu kam eine mittlere Demenz, Vergesslichkeit! Schon drei Tage nach der Rückenoperation wurde sie entlassen und in ein Pflegeheim überführt.
Die Einstufung in die höchste Pflegestufe und die niederschmetternde Diagnose nach mehreren ärztlichen Untersuchungen, *Besserung kaum möglich, Heilung ausgeschlossen*, konnte ich mehrere Tage nicht begreifen, wollte es nicht wahrhaben. Ein Leben meiner Frau nur im Bett und Rollstuhl war für mich nicht vorstellbar. Tagelang lief ich wie abwesend umher, wie in Trance oder unter Drogen.

Nach mehreren Tagen hatte ich die Situation verstanden und versuchte, damit umzugehen. Meine Frau, früher der Motor in unserem Leben, die nahezu alles geplant und organisiert hatte, war plötzlich hilflos wie ein kleines Kind geworden. Ich musste mich in zweifacher Hinsicht umstellen. Uschis unheilbare Erkrankung und Hilflosigkeit forderten mich mental bis an meine Grenzen. Aber auch das normale alltägliche Leben verlangte von mir eine totale Umstellung und vieles zu lernen und in die eigenen Hände zu nehmen. Relativ leicht fiel mir der Einkauf des täglichen Lebensbedarfs. Schwieriger war schon Wäsche zu waschen, zu bügeln und ordentlich in die Schränke zu räumen. Die zu große 5-Zimmerwohnung sauberzuhalten, war auch nicht ganz einfach. Eine *Blutige Nase* holte ich mir anfänglich beim Umgang mit Behörden und Diskussionen mit unterschiedlichsten öffentlichen Einrichtungen. Formulare auszufüllen ging noch, aber die erste Steuererklärung war für mich schon fast eine *Doktorarbeit*! Viel Zeit musste ich aufwenden, um mich in der eigenen Wohnung zurechtzufinden! In welchem Ordner suche ich was, wo stehen Töpfe und Geschirr. Selbst gekocht habe ich die ersten Wochen kaum und habe mich hauptsächlich von warmgemachten Fertiggerichten ernährt.
Nahezu drei Monate lang fuhr ich täglich von unserem beschaulichen Städtchen im Taunus in die Mainmetropole,

ca. 35 km einfach, ins Pflegeheim und besuchte dort meine Frau. Die Einrichtung war modern, hatte einen guten Ruf, war aber auch sehr teuer, wie ich später erfahren musste. Ich war voller Überzeugung das Allerbeste für meine Frau tun zu wollen. Wenn ich Ihr schon medizinisch nicht helfen konnte, so sollte sie doch mindestens pflegerisch die beste Versorgung bekommen. Schnell wurde ich jedoch wieder auf den Boden der Wirklichkeit geholt und mit den Tücken und mit mir bis dahin unbekannten, nie vorstellbaren Problemen unseres Gesundheitssystems konfrontiert. Unseres ist sicher viel besser als das in anderen Ländern, aber bei uns, einem der reichsten Länder Europas oder sogar der ganzen Welt?
Früher wurden diese Einrichtungen nach sozialen Aspekten, den Menschen, den Patienten im Vordergrund, geführt. Vom Staat, kirchlichen und sozialen Verbänden und Vereinen unterstützt, waren sie zufrieden, kostendeckend arbeiten zu können. Heute leider nicht mehr; das System wurde total verändert.
Heute werden Pflegeheime, Altersheime, Krankenhäuser und andere soziale und karitative Einrichtungen, als *Profitcenter* eingerichtet und werden nahezu ausschließlich gewinnorientiert geführt! Ein wichtiger Kostenfaktor sind dabei die Personalkosten. Obwohl das Fach- und Pflegepersonal im Vergleich zu anderen Berufsgruppen, weit unterbezahlt ist, wird immer mehr an Personalkosten eingespart, d. h. Personal eingespart, abgebaut.
Der Einsatz einer Pflegekraft ist also meistens nicht nach dem individuellen Bedarf orientiert, sondern wird nach Zeiteinheiten, wer auch immer die ermittelt hat, festgelegt. Als ich es einmal gewagt hatte, mich bei der Stationsleiterin zu beklagen, bekam ich zur Antwort: *Wenn wir bei ihrer Frau 5 Minuten länger benötigen, müssen wir diese Zeit bei der Patientin im Nachbarzimmer einsparen* und dann die provozierende Frage: *Und das wollen Sie doch nicht, oder?*

Eine Lanze möchte ich für das Pflegepersonal brechen. Sie sind meistens über mehrere Jahre gut bis sehr gut ausgebildet, unterbezahlt im Vergleich zu anderen Berufsgruppen, sie sind willig, freundlich, hilfsbereit. Nur einen unverschuldeten Fehler haben sie alle gemeinsam: Sie haben keine Zeit! Dies geht auch zulasten ihrer Gesundheit. Meine Frau wurde mehrmals am Tag im Bett *gewindelt*, was schneller ging, als sie auf einen Toilettenstuhl zusetzen und sie an regelmäßiges *Geschäftemachen* zu gewöhnen. Oder: Die mehrfachen Transfers vom Bett auf den Rollstuhl und umgekehrt, erfolgten durch manuelle Kraft des Personals ohne die vorhandenen modernen Patientenlifts zu nutzen, was natürlich zeitaufwendiger gewesen wäre. Dass hier zusätzlich Gelenke und Rücken überbelastet werden, wird nicht berücksichtigt. Kein Wunder also, wenn Pflegekräfte nach jahrelangem Einsatz an erheblichen Rücken- und Gelenkproblemen leiden, sodass sie oft vorzeitig in den Ruhestand gehen müssen, auch oft aufwendige Operationen und Reha-Maßnahmen erforderlich sind.

Vier bis sechs Wochen beobachtete ich diese Praktiken. Zuerst meinte ich es handele sich um Ausnahmefälle, bis ich feststellen musste, es war die Regel. Ich wurde immer unzufriedener. Oft fand ich noch mittags in ihrem, wohlgemerkt, freundlichen, hellen, modern eingerichteten Pflegezimmer, Reste vom Frühstück unter ihrem Tisch, oder noch viel schlimmer, mehrere der absolut notwendigen Tabletten!

Mein Entschluss war gereift: Ich wollte, nein ich musste Uschi aus dem Pflegeheim rausholen. Nicht in ein anderes Heim, nein, das Heim und das Personal waren ja gut, teilweise ausgezeichnet; nur das System stimmte meiner Meinung nach nicht. Und in einer anderen Einrichtung hätten sie nach dem gleichen System gearbeitet. Also, ich musste meine Frau nach Hause holen. Dass dieses Vorhaben mich vor riesige Probleme stellen würde, war mir klar. Aber ich

wollte es versuchen; mir nicht eines Tages den Vorwurf machen müssen: *Warum hab ich's nicht probiert?*
Den Umzug vom Heim nach Hause plante ich sorgfältig und holte mir Rat von Fachleuten, wie von der örtlichen Diakonie. Ich baute unsere Wohnung total um, verbreitete die Türen rollstuhlgerecht. Unser ehemaliges Schlafzimmer wurde das Patientenzimmer, mein Arbeitsplatz in das Esszimmer integriert und das ehemalige Arbeitszimmer, wurde mein Schlafgemach.

Über ein regionales Sanitätshaus und die Krankenkasse schaffte ich nahezu sämtliche patientengerechte Geräte und Hilfsmittel an; vom Patientenbett und Lift, Rollstuhl mit Motor, bis hin zum Rollator und Badewannenlift und vielem mehr. Das waren die technischen Hilfsmittel; damit hatte ich aber immer noch zwei linke Hände. Zufällig bot die Diakonie in der Nachbarstadt einen sechswöchigen Kurs für pflegende Angehörige an, an dem ich, dank persönlicher Kontakte teilnehmen konnte. Ich lernte eine patientenfreundliche Körperpflege, wie die Windeln zu wechseln sind, den richtigen Transfer vom Bett in den Rollstuhl und zurück, die richtigen Handgriffe um den Patienten nicht zu verletzen und meine Körperkräfte, Gelenke und Rücken zu schonen, eine gesunde Ernährung und den allgemeinen Umgang mit den zu pflegenden Menschen. Auch erhielt ich so manchen Tipp für den Umgang mit Behörden, Sozialverbänden und Krankenkassen. Schließlich konnte ich auf Empfehlung zwei ausländische Pflegekräfte gewinnen, die im Wechsel von zwei bis drei Monaten die häusliche Pflege meiner Frau übernehmen sollten. Ein voll eingerichtetes Gästezimmer mit Fernseher, Radio, Telefonanschluss war schon vorhanden.

Dann war es so weit: Ich holte Uschi nach Hause in die häusliche Pflege. Um ihr die Eingewöhnung in die alte, vertraute, aber doch stark veränderte Wohnung zu erleichtern, fuhr ich sie mehrmals mit dem Rollstuhl durch die

einzelnen Räume und zeigte ihr die Veränderungen und Neuerungen. Ein wichtiger Augenblick war der erste Kontakt mit der Pflegekraft. Wie würde Uschi diese unbekannte Person in ihrer Wohnung aufnehmen, akzeptieren? Ein Glück, es klappte, die Chemie stimmte. Die zwei Frauen mochten sich von Anfang an, das Eis war schnell gebrochen. Ich atmete beruhigt auf. Ein oft unüberbrückbares Hindernis wurde problemlos überwunden. Eine quälende Sorge zeigte sich unbegründet!
Die routinierte Pflegekraft übernahm von Anfang an die pflegerischen Aufgaben und wesentliche Teile der Hausarbeiten. An meinem rasch zunehmenden Gewicht zeigte sich, dass sie sehr gut, gut bürgerlich kochen konnte; ich hatte Nachholbedarf und aß oft wie ein Schwerarbeiter.
Wenn die Pflegekraft auch die wichtigsten pflegerischen Aufgaben übernahm, behielt ich doch einige in meinen Augen wichtige Aufgaben in meiner Hand: so das Zähneputzen. Ich kann mich noch sehr gut an das erste Mal seit der Rückkehr in ihre Wohnung, in die häusliche Pflege, erinnern. Uschi saß im Rollstuhl, dieser stand im Badezimmer und ihre Kleidung wurde von einem großen Handtuch geschützt. Sie öffnete bereitwillig ihren Mund und zeigte mir ihre Zähne. Ich hatte gehofft, sie würde merken, was ich mit ihr machen wollte und hoffte auf ihr Zustimmen und aktive Mitarbeit; ich war mich erleichtert, Uschi zeigte mir ihre Zustimmung durch ein Kopfnicken.
Wie vom Zahnarzt empfohlen und im Pflegekurs der Diakonie gelernt, reinigte ich ihre Zähne sorgfältig mit einer elektrischen Zahnbürste, ausführlich, mehrmals.
Uschi schien es nicht unangenehm zu sein, sie hielt schön brav ihren Mund auf und wehrte mich auch nicht ab. Dann ließ ich sie mit einem medizinischen Mundwasser ihren Mund gurgeln und ausspülen; folgsam wiederholte sie, was ich ihr vormachte. Abschließend reinigte ich ihr Gesicht von Spuren der Zahncreme.

Ich beugte mich über sie im Rollstuhl. Sie sah mich mit ihren großen himmelblauen, völlig schleierlosen Augen an, die ich so an ihr liebte. Ihre Augen waren von ihrer Erkrankung, zumindest äußerlich, überhaupt nicht in Mitleidenschaft gezogen worden.
„Uschi“, meinte ich, „du riechst so gut, willst du ein Küsschen haben?“
Ich wartete gespannt auf ihre Reaktion. Nach ein paar Sekunden nickte sie deutlich. Sie öffnete leicht ihren Mund und zeigte mir ihre vollen roten Lippen. Wieder beugte ich mich über sie und küsste sie ein, zwei, drei Mal ganz zärtlich, mit aller Liebe die ich zu ihr hatte.
„Hat der Kuss geschmeckt?“
Wenige Augenblicke später kam ihr zustimmendes Nicken.
„Willst du noch einen?“ Sie nickte.
Nochmals drückte ich ihr einen innigen Kuss auf ihre Lippen. Ich trat zurück und sah voller Liebe in ihr Gesicht. Uschi hatte den Mund leicht geöffnet, bot mir ihre Lippen an, hatte die Augen in Erwartung eines weiteren Kusses geschlossen. In diesem Augenblick war ich der glücklichste Mensch auf der Welt! Meine Freudentränen konnte ich nicht mehr zurückhalten.
Ich schluckte und schluchzte während mir die Tränen die Wangen hinunterkullerten.

Einige Dinge kann man messen,
andere muss man erfahren,
Dich muss man erleben und merken,
Du bist unbezahlbar!

Tschüss, Frau Doktor

Es war ein Urlaub, wie er sein sollte, unwahrscheinlich erholsam, ohne Stress, nur wenige, ausgewählte Anrufe sind angekommen, keine E-Mails. Es war sicher eine gute Entscheidung von mir, ein in den USA von größeren Unternehmen erprobtes Programm zu übernehmen: Immer, wenn ein leitender Mitarbeiter aus dem mittleren oder oberen Management in Urlaub geht, wird seine geschäftliche E-Mailadresse gesperrt. Der Absender erhält eine Antwort: ‚Diese Mail wird nicht angenommen und wird ungelesen gelöscht, der Adressat ist vorübergehend nicht zu erreichen. In dringenden, nicht aufzuschiebenden Fragen, wenden Sie sich an ...'
Dieser Umstand hat bei mir wahre Wunder bewirkt. Während ich mich sonst mit 30–50 Mails pro Tag – 90 % davon völlig unwichtig –, beschäftigen musste, nur um sie zu lesen und auch nur kurz zu beantworten, konnte ich jetzt diese, meistens vergeudete Zeit ausschließlich für mich nutzen. Allein das war mir schon der Urlaub wert!

Es war wirklich der schönste Urlaub seit Jahren, vielleicht sogar der schönste überhaupt den ich je hatte. Und das, der Leser wird es mir kaum glauben, obwohl ich drei Wochen lang die Sonne nicht gesehen habe. Nur wenige Stunden in dieser Zeit hat es nicht geregnet, sonst nur frühherbstliche Stürme und Dauerregen. Trotzdem bin ich täglich mehrere Stunden unterwegs gewesen, an fast leeren Stränden entlanggelaufen. Ich beglückwünschte mich im Nachhinein, dass ich diesen Urlaub in der Nachsaison gebucht hatte, die Schulferien waren vorbei und die Eltern mit ihren schulpflichtigen Kindern waren schon vor meiner Ankunft wieder abgereist. So war ich meistens alleine unterwegs, ab und zu begleitete mich die Boxerhündin Stella meiner Ver-

mieterin. Beide hatten mich schon am zweiten Tag in ihr Herz geschlossen. Es war himmlisch ruhig, nur das Rauschen der Brandung, das Heulen des Windes und das Kreischen der Möven waren zu hören.
Klug war es auch, dass ich mich noch vor der Buchung meines Urlaubs auf einer Nordseeinsel über die dortigen Wetterverhältnisse im Herbst informiert hatte. Die feste Regenkleidung, dicke Pullover und wasserfeste hohe Gummistiefel füllten zur Gänze meinen kleinen Koffer. Ich war froh, mich mit wetterfestem Regenzeug gut eingedeckt hatte, konnte es täglich gebrauchen. Die Sommerkleidung und der Minibikini, ein ausgesprochen auffälliger Blickfang, den ich so gerne vorführen wollte, hätte gerne zu Hause bleiben können.

Und noch etwas war ein Glücksfall für meinen Urlaub: Die Vermieterin meines *großzügigen Apartments mit Frühstück und Meerblick*, wie ich es gebucht hatte. Die *dicke Berta*, wie ich sie zuerst respektlos nannte, war hoch in den Sechzigern, schon viele Jahre verwitwet und wurde von den über fünftausend Inselbewohnern liebevoll mit *Bertchen* angesprochen. Ihr Mann war bis zu seinem plötzlichen Herztod, nach dem Bürgermeister der wichtigste Entscheidungsträger der Insel. Im Gegensatz zu diesem, der fast nach jeder Wahlperiode wechselte, war er Beamter auf Lebenszeit und diente der kleinen Stadt über vierzig Jahre lang. So hatte Bertchen zusammen mit der Witwenpension ein gut auskömmliches Einkommen, das sie mit der Vermietung von zwei Apartments in ihrem Haus unter einem inseltypischen Reetdach, aufbesserte.
Einen Mann gab es offiziell nicht im Haus, wenn man von *Onkel Franz* absieht. Er hatte mich von der Fähre abgeholt. Ein Mann, wie sich eine Landratte wie ich, einen älteren Seemann vorstellt: Groß, kräftig gebaut, leicht nach vorne gebeugt, helle blaue Augen blitzten unter einem regenfesten Lederhut hervor und das Gesicht, umrahmt von einem

gepflegten Vollbart, hatte das raue Inselwetter und das Leben tief zerfurcht. Zu diesem Seemann passten die dicke Regenkleidung und die, bis zu den Knien reichenden Gummistiefel. Vom Alter schätzte ich ihn auf Mitte sechzig, war mir aber nicht ganz sicher; sein Äußeres täuschte vielleicht.
„Hallo Frau Doktor", begrüßte er mich, und bevor ich den Irrtum aufklären konnte, ich sei gar keine Doktorin, nahm er mir meinen Koffer ab und warf ihn mit einem Schwung auf die Ladefläche eines zweisitzigen Jeeps. Der stammte offensichtlich aus Militärbeständen der ehemaligen englischen Besatzungsmacht, die verblichene Tarnlackierung und die Rechtslenkung waren ein eindeutiges Indiz. Dieses Vehikel war in etwa so alt wie sein Besitzer. Es rauchte und stank fürchterlich nach Dieselöl, Stoßdämpfer oder eine andere Federung fehlten. Aber der Jeep leistete noch seine Dienste, lief noch und hatte sogar noch eine gültige TÜV-Plakette.

Die Fahrt von der Fähre zu meiner Ferienwohnung in der Nähe des alten Leuchtturms führte über eine von Schlaglöchern übersäte schmale Straße, wobei sich die fehlende Federung des Jeeps schmerzhaft bemerkbar machte. *Onkel Franz* sprach nicht viel, was nichts ausmachte, ich konnte ihn sowieso nicht verstehen, er sprach ein fürchterliches Platt. Nur das wiederholte *Frau Doktor* verstand ich, aber nachdem mein dritter Versuch scheiterte, ihn zu korrigieren, gab ich es auf. Im Laufe meines Aufenthaltes auf der Insel stellte ich dann fest, dass er alle Frauen über zwanzig entweder mit ihrem Vornamen oder mit *Frau Doktor* ansprach. Kinder und Jugendliche hießen alle *min Deern* oder *min Jung*. Männer wurden mit Vornamen oder *Käpt'n* begrüßt.
In welchem Verhältnis er zu *Bertchen* stand, oder ob sie überhaupt ein Verhältnis miteinander hatten, konnte ich in den drei Wochen nicht genau herausfinden. Er wohnte

einige Hundert Meter entfernt alleine in einem kleinen altersschwachen Häuschen und kam jeden Tag mit seinem Jeep, um nach dem Rechten zu sehen. Er war mehr als ein Hausmeister, eher vielleicht *Mädchen für alles,* oder besser gesagt *Mann für (fast) alles.* Er leerte die Mülleimer, holte Holz aus einem Schuppen für den Küchenherd und dem Kamin im Wohnzimmer, wechselte Leuchten aus, reparierte da ein Schloss, dort den Rasenmäher, pflegte den Blumen- und Gemüsegarten, wobei es da schon wegen des andauernden Sauwetters nicht allzu viel zu tun gab.

Zweimal in der Woche, Dienstag und Freitag, fuhr er *Bertchen* mit seinem Jeep zum Einkaufen in die Stadt und am Sonntag zur Kirche zum Gottesdienst. Für diese *Ausflüge* putzte sie sich besonders heraus und legte ihre sonntägliche Ausgangskleidung an, einen langen schwarzen Rock, darüber einen dunklen, mit kleinen Blumen bemusterten Umhang, auf dem Kopf ein dezentes Kopftuch und darüber einen Hut mit breitem Rand, der mit Lederbändchen am Hals gebunden, den Winden widerstand. Als ich sie einmal überraschte, als sie sich die Lippen schminkte, die Augenbrauen nachzog und die Wangen mit etwas Rouge auffrischte, errötete sie wie ein junges Mädchen und senkte verschämt ihren Kopf. Die Gesichtsröte wurde nochmals etwas dunkler, als ich ihr ein Kompliment machte: „Bertchen, Sie sehen toll, einfach umwerfend aus, wenn ich ein Mann wäre, könnte ich mich glatt in Sie vergucken!"
Sie senkte ihren Kopf noch tiefer, murmelte einige unverständliche Worte, verschwand hastig in ihre Küche und schloss mit Schwung die Tür.
Onkel Franz trug sonntags wie werktags die gleiche Kleidung. Unter seiner Regenkleidung kam eine lange abgewetzte Lederhose zum Vorschein und darüber ein dicker Pullover mit Rollkragen aus reiner Schafswolle. Zu seinem Äußeren gehörte die Pfeife, er war Pfeifenraucher. Der *Rotzkocher* hing immer im Mundwinkel, auch beim Reden,

was sein unverständliches Platt noch unvernehmlicher machte. In Bertchens Haus rauchte er kalt. Rauchen war streng verboten, auch in den Apartments. Bevor *Onkel Franz* das Haus betreten durfte, musste er immer zuerst die Pfeife an der Eingangsstufe ausklopfen und sich dann aus den Gummistiefeln zwängen, die vor der Haustür unter Dach einen Platz zum Trocknen hatten. Für einen Nichtraucher ist Zigarettenrauch schon unangenehm, ist manches Mal schon belästigend, aber der Rauch, der aus seiner Pfeife kam, glich einer körperlichen Züchtigung. Das Zeug, das *Onkel Franz* rauchte stank fürchterlich, wurde nur von den Abgasen seines Jeeps übertroffen, den er übrigens *Old Boy* nannte. Eines Tages beim Nachmittagstee verriet mir Bertchen, dass Onkel Franz seinen Tabak selbst anpflanze und der Dachboden in seinem Häuschen voller Tabakblätter ist, die dort auf Wäscheleinen zum Trocknen aufgehängt seien.

Einmal nahm mich Onkel Franz mit in den Ort. Seinen Old Boy kannte ich ja schon, als er mich von der Fähre abgeholt hatte. Aber die Fahrt mit diesem Oldtimer von Jeep war alleine schon ein Abenteuer, besser gesagt eine Tortur für mich. Während er verschiedene Besorgungen im Ort erledigen wollte, unternahm ich eine kleine Erkundungstour durch die engen winkeligen Gassen mit Kopfsteinpflaster und stattete einem winzigen Kaffee einen Besuch ab. Das *Rosinchen*, wie ein handgemaltes Schild über der Eingangstür mich einlud, erwies sich für mich als ein Volltreffer. Eingerichtet wie eine Puppenstube, besser gesagt wie zwei Stuben, die ineinander übergingen. Jede war mit zwei kleinen Tischen mit handgestickten Decken, zwei ledernen Klubsesseln und einer urgemütlichen zweisitzigen Couch mit Blümchenmuster ausgestattet. An den etwas windsen Wänden hing allerlei Kram. Alte Eisenpfannen, Töpfe mit Emailfarbe überzogen, bunte Schüsseln und Tassen aus Porzellan und Keramik. Dazwischen

Fotografien von unbekannten Personen, sicher schon hundert Jahre alt, das verstaubt wirkende Modell eines Segelboots, zwei uralte Seekarten, einen Plan der Insel, wie sie im 18. Jahrhundert vielleicht ausgesehen hatte und ein Gemälde, das ein, gegen hohe Wellen ankämpfendes Fischerboot zeigte. Gegenüber ein übergroßer Spiegel, das Glas leicht verblichen und mit zahlreichen Haarrissen, wie von Spinnweben überzogen. Von der Decke hingen Teile von Fischernetzen und mehrere Petroleumlampen. Die Tische schmückten frische Herbstblumen in alten Zinngefäßen. Silberne Garnituren für den hellen und braunen Kandiszucker und der so wichtigen Sahne für den Tee standen für den Besucher bereit.

Ich war der einzige Gast und flegelte mich, vom Old Boy und dem Kopfsteinpflaster arg mitgenommen, auf eine Coach. Ich streckte meine geschundenen Beine unter dem Tisch mit seinen Holzbeinen und atmete ein paar Mal fest durch; das tat gut. Ich fühlte mich sofort wohl in diesem gemütlichen Kaffee. Überrascht war ich, als die Inhaberin den Raum betrat und mich freundlich begrüßte. Wie es sich im Laufe des Gespräches herausstellte, war es das eigentliche *Rosinchen*, genannt nach ihrem Vornamen Rosalinde. Der Kosename Rosinchen stammte wohl aus Rosalindes Jungmädchenzeit. Im Laufe der Jahre verliefen sich die gedachten Ähnlichkeiten und jetzt im Alter konnte man eine Verbindung sich nur schwer vorstellen. Aber das Gesicht zeigte auch im Alter noch eine gewisse Schönheit. Rosinchen war in ihrer Jugend sicher eine attraktive Frau, der die Männer nachgelaufen sind. Ihre Freundlichkeit und Liebenswürdigkeit hatte sie sich erhalten, war vielleicht mit dem reifen Alter erst gewachsen. Meinen Wunsch sah sie mir von den Augen ab: Einen herrlichen, heißen Tee mit Kandis und Sahne, dazu ein großes Stück selbst gebackenen Englischen Kuchen, oder wie sie es nannte ein Stück *Himmelsglück*.

Wohlig warm, zufrieden wäre ich beinahe eingeschlafen, hätte mich Onkel Franz nicht abgeholt.
Die Rückfahrt machte ihm offensichtlich viel Spaß, vor allem meine Peinigung. Immer wenn ich nach einem Schlagloch leicht aufstöhnte, schmunzelte er mit seiner kalten Pfeife im Mundwinkel vor sich hin, blickte mich ab und zu spöttisch an und meinte: „Nu Frau Doktor?“ Eine Antwort wagte ich nicht, die Gefahr dabei mir beim nächsten Schlagloch die Zunge abzubeißen, war viel zu groß.

Zurück in Bertchens Haus fühlte ich mich zerschlagen und durchgerüttelt. Alle Knochen und Muskeln taten mir weh, schlimmer als eine Stunde auf der Massagebank. Meine Pobacken, zum Glück konnte ich sie nicht sehen, waren sicher grün und blau, die Old Boys fehlende Federung und das Kopfsteinpflaster im Ort hatten sich schmerzlich bemerkbar gemacht.
Die *Dicke Berta* mochte mich, das hatte ich schon gesagt, und das hatte mehrere Gründe. Ich war wohl der letzte Gast in dieser Saison, das andere Apartment war leer und blieb unvermietet. Dann kam bei ihr bestimmt gut an, dass Stella, die Boxerhündin, mich liebte und ich liebevoll mit ihr umging. Allerdings hatte ich den Verdacht, dass ihre Liebe *durch den Magen* ging. So manches Leckerchen steckte ich ihr zu und wenn sie sich voller Wohlbehagen auf den Rücken legte und streckte, kraulte ich ihren Bauch. Stella war zwar keine Katze, trotzdem meinte ich, sie schnurren zu hören. Ihr Frauchen war auch froh, wenn ich Stella zu meinen täglichen ausgedehnten Spaziergängen mitnahm. So sorgte ich dafür, dass die mehr als wohlgenährte Hündin durch viel Bewegung etwas Gewicht verlor, was ich auch bei mir erhoffte.
Und schließlich meinte meine Vermieterin, ohne dass es dafür einen besonderen Anlass gab, wir zwei Frauen könnten uns als Geschlechtsgenossinnen gegen Onkel Franz verbinden, sollte er auf den Gedanken kommen, den

Hausherrn und Chef spielen zu wollen. Wenn Bertchen ihn etwas barsch anfuhr: „Mach dich ab in den Garten und lass uns zwei Frauen alleine“, schien er etwas überrascht zu sein. War er vielleicht doch eine andere Rolle gewohnt?

Langeweile kam bei mir nicht auf, obwohl die Tage für Außenstehende eintönig verliefen. Niemand störte oder weckte mich, wenn ich mal länger als gewohnt schlief. Nach einer ausführlichen Körperpflege, die ich besonders genoss, wartete ein üppig gedeckter Frühstückstisch in Bertchens Esszimmer auf mich. Kaum hatte ich mich gesetzt, kam die Hausfrau mit einem strahlenden *Guten Morgen* und einer Kanne mit herrlich duftendem Kaffee von der Küche und schenkte mir eine große Tasse dieses wundervollen Gebräus ein. Dann frühstückten wir zusammen und ratschten ausführlich miteinander. Sie erzählte mir viel vom Inselklatsch und versuchte, mich nebenbei *auszuflaschen,* oder besser verständlich gesagt, sie versuchte, mich auszuhorchen. Ich redete viel belangloses Zeug, mein Inneres behielt ich jedoch für mich.

Eines Tages saß auch Onkel Franz mit am Frühstückstisch. Merkwürdig kam es mir nur vor, dass ich ihn nicht gehört hatte, besser gesagt, sein Ungetüm von Jeep. Sonst war er bei den Motoren- und Auspuffgeräuschen nicht zu überhören, wenn er von seinem Häuschen kommend, vorfuhr. Jetzt musste ich nur noch eins und eins und eins zusammenzählen, um zu einer logischen Erklärung zu kommen: Onkel Franz frühstückte schon, als ich ins Esszimmer kam, seinen Jeep hatte ich nicht gehört. Der stand auch noch am gleichen Platz vor dem Haus, wo er am Abend davor abgestellt worden war. Auch gab es an diesem Tag keine aktuelle Tageszeitung, die er sonst immer im Laufe des Vormittags mitbrachte. Wo hatte Onkel Franz nur geschlafen, nicht im freien Apartment, nicht auf der Couch im Wohnzimmer, das war über Nacht der Schlafplatz von Stella, die diesen wundervollen Platz sicher nicht freiwillig geräumt hatte. Wo sonst? Meine Folgerung fiel eindeutig aus, ich machte mir amüsiert meine Gedanken. Es ging mich aber auch nichts an, die beiden waren ja alt genug, wussten was sie taten und waren niemandem Rechenschaft schuldig! Also behielt ich meine Erkenntnisse für mich und tat so, als wüsste ich von nichts!

Nach dem Frühstück kleidete ich mich regenfest und rief Stella zu einem ausgedehnten Spaziergang, oft über mehrere Stunden. Dass mir dabei Regen und Wind ins Gesicht peitschten, machte mir nichts aus, im Gegenteil: Mein Kopf wurde dabei vom Alltagskram freigepustet und ich konnte ungestört meinen Gedanken nachhängen, für die ich sonst nie Zeit hatte. So liefen Stella und ich oft stundenlang den Strand entlang und begegneten nur selten einsamen Strandläufern wie mich. Manches Mal wuchs der Wind zu einem Sturm, dass ich mich regelrecht dagegenstemmen musste, um nicht fortgetragen zu werden. Stellas Ohren stellten sich wie Segel in den Wind und ab und zu schüttelte sie sich, dass das Wasser aus ihrem Fell nur so spritzte. Mittagessen hatte ich mir, wie zu Hause, gespart. Mir reichte ein Stück Obst, das ich mir vom Frühstücksbuffet mitgenommen hatte.

Nachmittags kamen wir wieder zurück, durchgepustet, pudelnass und durchgefroren. Jetzt folgte eine Stunde, die ich bestimmt vermissen werde, wenn ich wieder zu Hause bin. Obwohl ich nur *mit Frühstück* gebucht hatte, wurde ich von Bertchen jeden Tag zum Tee eingeladen. Tee zuzubereiten und zu trinken ist in Ostfriesland ein Kult. Jetzt lernte ich es unmittelbar von einer Einheimischen und Expertin. Welche Teesorte sie verwendete, verriet sie mir nicht. Es war jedenfalls ein *Schwarzer Tee* und eine spezielle Ostfriesenmischung.

Einige Tage nach meiner Ankunft besuchten wir gemeinsam die Kleinstadt, ich zum Bummeln, sie zum Einkaufen.

Gefahren wurden wir von Onkel Franz. Sein Jeep hatte nur zwei Sitze, folglich mussten Bertchen und ich uns den Beifahrersitz teilen, wieder ein Abenteuer bei den zahllosen Schlaglöchern und das ohne Federung! Bei dieser Gelegenheit konnte ich auch hautnah feststellen, dass ich Bertchen nicht zu Unrecht den Spitznamen *Dicke Berta* verpasst hatte. Sie war *unten herum* mindestens das Doppelte von mir. Im Städtchen verschwand sie dann plötzlich in ein kleines uriges Holzhäuschen mit dem Schild *Tee Tina*. Es dauerte viel länger, als für einen kurzen Einkauf notwendig ist, bis sie wieder herauskam. Sie trug an einer Hand eine größere Plastiktasche mit dem Aufdruck *Tee Tina* und dem freundlichen Gesicht einer älteren Dame. Jetzt wusste ich, woher der Tee kam, der mir jeden Tag serviert wurde. Zurück zu Hause erzählte mir Bertchen, Tina sei eine gute Schulfreundin von ihr und wüsste immer den neuesten Dorfklatsch. Mir war jetzt klar, warum sie so lange in Tinas Laden geblieben war.

Wie schon erwähnt, wird in Ostfriesland der Tee nicht einfach getrunken, sondern seine Zubereitung regelrecht zelebriert, fast eine heilige Handlung. Dazu gehört ein besonders feines Teeservice aus zartem Porzellan. In die Teetasse legt man mit einer silbernen Zange, je nach Geschmack, ein oder mehrere Stückchen braunen Kandiszucker. Darüber wird vorsichtig und langsam der heiße Tee gegossen, sodass der Kandis durch die Hitze knackt und zerspringt. Dann kommt flüssige Sahne tropfenweise vom Tassenrand hinein, bildet Wolken im Tee und verläuft dann. Erst danach dürfen Sahne und Kandis mit einem Teelöffel vorsichtig umgerührt werden. Wer die Gepflogenheiten beim Teetrinken in Ostfriesland nicht kennt, sollte eines beachten: Solange der Teelöffel neben der Tasse auf die Untertasse abgelegt ist, wird immer wieder Tee nachgegossen. Hat man genug von diesem köstlichen

Getränk, will nicht mehr nachgegossen bekommen, lässt man einfach den Löffel in der Tasse stehen.

Nicht herausbekommen habe ich, welche Teesorte Bertchen verwendet und wie lange er gebrüht wird; das blieb ihr Geheimnis. Zum Tee bot sie eine Schale selbst gebackener Honignussplätzchen an, die ausgezeichnet und harmonisch dazu schmeckten. Sonntags gab es Ostfriesischen Kuchen, ähnlich dem Englischen Kuchen, der auch aus ihrem Backofen kam. Das Gespräch bei Tisch bestritten in erster Linie Bertchen und ich. Onkel Franz, der fast jeden Tag auch mit uns die Teestunde teilte, hörte nur aufmerksam zu, nickte meistens zustimmend oder schüttelte ablehnend oder sogar missbilligend seinen Kopf. Unter seinem Lederhut, den er auch im Haus nicht abnahm, nur etwas weiter in den Nacken schob, kamen braune, leicht ergraute Locken hervor.

Nach *Tee time* zog ich mich regelmäßig in mein Apartment zurück. Nein, für ein Nickerchen war ich nicht müde genug. Ich hatte vor, im Urlaub zur Entspannung viel zu lesen. Hatte mir dazu den neuesten Reader und einige E-Books aus der aktuellen Bestsellerliste besorgt. Diesen Vorsatz hatte ich aber über Bord geworfen. Nachdem ich durch die Panne auf der Hinfahrt inspiriert wurde und in mir eine Idee reifte, entschloss ich mich zu schreiben, ja ein Buch, einen Roman. Ganz besessen von dieser Idee, fing ich an wie wild zu schreiben, erst ein Konzept und eine Ideensammlung, dann darauf aufbauend meinen Roman. Ohne feste Absicht im Urlaub schreiben zu wollen, hatte ich in Gedanken meinen Laptop eingepackt. Dies erwies sich jetzt als eine weise Entscheidung. Handschriftliche Aufzeichnungen wären mir sicherlich zu mühselig gewesen und mein Vorhaben wäre schnell ad acta gelegt worden. So kam ich beim Schreiben zügig voran, das installierte Rechtschreib- und Stilprogramm halfen mir dabei und ersparten späteres, aufwendiges Korrigieren.

Vor lauter Eifer vergaß ich das Abendessen. Erst als Bertchen bei mir anklopfte und zögernd fragte, ob ich denn keinen Hunger und nicht Lust hätte, mit ihr zu Abend zu essen, erinnerte mich mein knurrender Magen an die Essenszeit. Meine Urlaubsbuchung lautete zwar nur auf *mit Frühstück,* aber Bertchen fand schnell heraus, dass ich gar keine Lust hatte, in die Stadt zum Abendessen zu laufen. Sie bot mir deshalb an, für mich mitzukochen, was ich liebend gerne angenommen habe. Sie hatte natürlich bei ihrem Angebot einen Hintergedanken. Sie suchte und fand meine Gesellschaft als eine angenehme Abwechslung. Meistens saß auch Onkel Franz wie selbstverständlich mit am Tisch und ließ es sich sichtlich und hörbar gut schmecken. Es waren die Abende, an denen sein Old Boy nicht mehr bewegt wurde.
Nach dem Essen zog ich mich wieder zurück und vertiefte mich weiter in meinen Roman. Beim Schreiben kamen mir immer wieder neue Ideen, die ich schnell festhalten wollte, bevor sie wieder verschwanden. So nahm mein Werk immer mehr an Umfang zu und ich kam meinem Ziel näher, das Manuskript noch im Urlaub abzuschließen. Oft war es nach Mitternacht, wenn ich erschöpft aber hoch zufrieden, meinen Laptop zuklappte und ich hundemüde ins Bett fiel.

Der letzte Urlaubstag war gekommen. Waren tatsächlich die drei Wochen schon vorbei? Und das nur bei Regen und Sturm, ziemlich einsam und trotzdem nie langweilig. Das hektische Großstadtleben vermisste ich nicht, hatte es fast vergessen, wenn nicht in meinem Hinterkopf der nächste Montag mich an meine Pflicht erinnert hätte. Der Koffer war schon gepackt, das Manuskript bis auf kleinere Korrekturen fast fertig. Während der langen Bahnfahrt nach Hause sollten die letzten Verbesserungen einfließen.
Die Rechnung für meinen Aufenthalt hatte ich schon bezahlt, in bar. Der Preis für das *Apartment mit Frühstück* stimmte mit dem, schon bei der Buchung vereinbarten

überein. Für die Abendmahlzeiten, inklusive der Getränke, gleich welcher Art, berechnete mir Bertchen einen überaus fairen Preis. Jede Pizza beim Italiener um die Ecke, jedoch ohne Getränke, hätte wesentlich mehr gekostet. Nachmittagstee und Gebäck waren eine kostenlose Zugabe, eine persönliche Einladung des Hauses. Ich rundete die Rechnung nach oben auf fünfzig Euro auf und legte noch einen Fünfziger dazu, *für den fleißigen Hausgeist, der mir jeden Tag das Apartment in Ordnung gehalten hat.* Bertchen verstand wohl, dass der Schein für sie als Trinkgeld gedacht war, und wollte ihn nicht annehmen.

„Nicht für Sie, für den guten Geist!" Sie konterte geschickt und meinte: „Der Geist bedankt sich herzlich, er hat es aber auch ohne Trinkgeld gerne gemacht. Ich werde das Geld an ihn weitergeben mit einem Dankeschön von Ihnen", und steckte den Schein in ein großes Porzellanschwein, das für solche Fälle auf der Anrichte im Esszimmer stand. Damit war das Finanzielle geregelt und erledigt. Zur Abschiedsfeier hatte Bertchen ein kleines Festmahl zubereitet. Es gab eine herrlich duftende Fischsuppe mit vielen Kräutern, mit Knoblauch hatte sie auch nicht gespart. Als Hauptgang hatte sie verschieden Fische unterschiedlich zubereitet. Fragen Sie mich nicht nach den Rezepten. Ich kann nur so viel verraten: Es hat wahnsinnig gut geschmeckt, habe natürlich viel zu viel gegessen! Ich bin in Urlaub gefahren mit dem Ziel, mit nicht mehr Gewicht zurückzukommen. Diesen Vorsatz habe ich bei diesem Mahl total verdrängt, was sicher jeder nachvollziehen kann! Zu allem Überfluss wurde ein Nachtisch serviert, zu dem ich nicht *Nein* sagen konnte: Selbst gemachte Rote Grütze mit Sahne; und die nicht zu knapp. Zu allen Gängen wurde reichlich bitteres Bier getrunken. Als ich mich danach völlig gesättigt und vor Anstrengung erschöpft zurücklehnte, stand Onkel Franz auf, ohne etwas zu sagen und verschwand für einige Augenblicke. Mit einer birnenförmigen Flasche in der Hand, gefüllt mit einer klaren

Flüssigkeit, kam er zurück. Ohne zu fragen, schenkte er für jeden von uns ein Gläschen voll.
Er prostete mir zu: „Gsundheit, Frau Doktor" und kippte sein Glas mit einem Schwung hinunter. Das Erste trieb mir die Tränen in die Augen, nach dem Zweiten breitete sich eine wohlige Wärme im Magen aus und nach dem Dritten wurde meine Zunge schwer und ich kurze Zeit danach sehr müde. Bertchen ging es ähnlich, nur Onkel Franz schien ohne Wirkung, war offensichtlich seine *Medizin* gewohnt und blieb hellwach.
Dann kam das Abschiednehmen. Wir würden uns zwar am nächsten Morgen nochmals sehen, da die Fähre aber schon sehr früh ablegte, war eher mit Hektik zu rechnen und es blieb keine Zeit für eine ausführliche Verabschiedung. Bertchen und ich umarmten uns liebevoll, gaben uns links und rechts Küsschen auf die Wangen. Ich strich ihr zärtlich über ihre Haare und drückte sie nochmals fest an mich. Schließlich umfasste sie mit beiden Händen meine rechte Hand und gab mir ein letztes Küsschen. Jetzt war Onkel Franz dran. Er nahm mich in seine mächtigen Arme, dass mir fast die Luft wegblieb, drückte mir einen Kuss auf die Stirn, wobei mir sein Bart auf Wangen und Nase kitzelte, und er flüsterte zärtlich „Frau Doktor". Um meine Tränen nicht zu zeigen, bückte ich mich und streichelte Stella mehrmals, die mir die vergangenen drei Wochen ein treuer Begleiter bei meinen Wanderungen war. Sie spürte den Abschied, sah mich mit ihren großen Knopfaugen ganz traurig an und hatte ihre Rute zwischen den Hinterläufen eingeklemmt. Bevor ich losheulte, sah ich mich nochmals kurz um. Bertchen liefen auch ein paar Tränen über ihre Wangen und selbst Onkel Franz hatte ganz feuchte Augen. Mit einem Kloß im Hals stammelte ich „Gute Nacht" und verschwand zum letzten Mal in meinem Apartment.
War es das üppige Abendessen, der reichlich genossene Alkohol oder der rührselige Abschied, meine Müdigkeit war verschwunden. Ich war viel zu aufgewühlt, als dass ich

schlafen konnte. Meine Gedanken kreisten um das Geschehen der letzten drei Wochen. Es war schon ein besonderer Urlaub! In dieser Zeit habe ich zwei wundervolle, liebenswerte Menschen kennengelernt, jeden auf seine Art. Vom Spitznamen *Dicke Berta* habe ich mich schnell verabschiedet, nahm mir vor, ihn nie, auch nicht in Gedanken zu gebrauchen. Er passte zwar zu ihrer Figur, gab aber nicht Bertchens liebevolle Art wieder. Mir sind selten Menschen begegnet, die mir so offen, selbstlos und herzlich entgegengekommen sind. Und Onkel Franz? Er war nicht der Typ, der sein Herz auf der Zunge trägt, aber an seinen Gesten und seinen Augen sah ich und spürte in seinen Blicken seine Zuneigung. Hatte mich anfänglich sein *Frau Doktor* amüsiert, war es jetzt für mich mehr als eine flapsige Anrede, mehr ein ehrliches Einschmeicheln, wollte mir wohl seine Achtung, seinen Respekt bezeugen.
Das Manuskript meines Romans hatte ich auch innerhalb von zwanzig Tagen fast fertig geschrieben, ich war schon ein bisschen Stolz, mit welchem Eifer ich diese Aufgabe anging. Wichtig waren mir jedoch, meine Gedanken und Ideen noch frisch zu Papier, besser gesagt in meinen Laptop zu bringen, bevor sie wieder verfliegen. Ob aus dem Manuskript mal ein fertiges Buch wird, stellte ich vorläufig hinten an. Wenn ich wieder mal viel Zeit und vor allem Lust dazu haben sollte, werde ich mein *Werk* nochmals überarbeiten und korrigieren. Ob sich dann noch ein interessierter Verlag finden wird, wird sich zur gegebenen Zeit bestimmt zeigen.
Ich war auch in Urlaub gefahren, um meine persönlichen Dinge, Probleme zu regeln und mein Leben neu zu ordnen. Ich wollte die Weichen für meine eigene Zukunft stellen und eine wichtige Entscheidung treffen. Meine zwei Freunde und Teilzeitliebhaber wussten zwar voneinander, kannten sich aber persönlich nicht. Sie hatten offensichtlich kein Interesse ihre Eifersucht und Wettbewerb in einer direkten Auseinandersetzung auszutragen, und ich tat alles,

um eine Begegnung der beiden zu vermeiden. Unabhängig voneinander hatten beide mir schon vor Monaten einen Heiratsantrag gemacht, keiner kannte die Absicht des anderen, ich ließ sie auch im Unklaren!
Ich sollte mich also zwischen Rocco, dem *feurigen italienischen Pizzabäcker* und Eva, dem *braven hessischen Banker* entscheiden. Hatte ich überhaupt eine Alternative? Beide bedrängten mich fast täglich, verlangten von mir eine Antwort. Ich hielt sie hin, fand allerlei unverständliche Ausreden, *müsse mir erst im Kopf klarwerden, meine anderen privaten Dinge regeln.* Welche eigentlich? Schließlich versprach ich Rocco nach einer gemeinsamen Nacht und zwei Nächte später auch Eva, *hoch und heilig*, nach meinem Urlaub eine Entscheidung zu treffen.
Diese hatte ich auch dann während meiner ausgedehnten Spaziergänge am Strand getroffen. Dabei erinnerte ich mich an den flapsigen Spruch einer Studienkollegin vor vielen Jahren, die während einer Diskussion über den Sinn einer Ehe, mir den ‚gut gemeinten Rat' gab: „Du wirst in jedem Fall enttäuscht sein, heiratest du, wirst du früher oder später enttäuscht sein, heiratest du nicht, wirst du es auch sein, also such dir das geringere Übel aus!" Sie musste es ja schließlich auch genau wissen, war sie doch damals im *zarten Alter* von 25 Jahren schon zum dritten Mal verheiratet, und das *todunglücklich!*
Meine Entscheidung stand jetzt unverrückbar fest, hatte sie nach stundenlangem Ringen mit mir getroffen! Ich werde Roccos und Evas Anträge ablehnen, keinen von beiden heiraten. Es wird sicher hart werden, ihnen das zu vermitteln. Sie werden total enttäuscht sein, ihre Erwartungen, Hoffnungen, Zukunftspläne werde ich mit einem Satz zerstören. Die Entscheidung steht aber! Kann eine Ehe, ohne sie überzeugend zu wollen, nur auf Mitleid gebaut werden? Sicher nicht! Verliere ich möglicherweise zwei sehr gute Freunde, zwei halbwegs gute Liebhaber? Wenn das die Antwort ist, dann muss es wohl so sein! Auch die

Vorstufen zur Ehe, ein Zusammenziehen in eine gemeinsame Wohnung oder Haus, eine Wohngemeinschaft kommt für mich nicht infrage. Ich möchte unabhängig und frei sein und bleiben, mindestens für die nächsten Jahre. Sicher braucht jeder Mensch eine Beziehung, auch ich. Im Moment darf sie jedoch nur *ambulant,* auf keinem Fall *stationär* sein! Wenn ich schon weder Rocco noch Eva heiraten werde, vielleicht ist ein kompletter Neuanfang besser, als mit dieser Doppelbeziehung, die zwar selbst verschuldet, mir aber in erster Linie nur Stress, Versteckspielen, Ausreden und Lügen eingebracht hat.
Nach meinen langen Überlegungen, Für und Wider gegeneinander abgewogen, nach Alternativen, Auswegen gesucht, habe ich jetzt doch meine innere Ruhe und Frieden gefunden, bin wieder ich selbst. Ich bin *Dem da Oben im Stellwerk* unendlich dankbar für mein bisheriges Schicksal und Glück, dass ich an den großen Weichen meines Lebens immer die richtige Abzweigung, den richtigen Weg gefunden habe, was ich auch jetzt erhoffe. Die Definition von Glück ist ganz einfach: „Glück ist, vom Unglück verschont bleiben!“

Es muss erst gegen morgen gewesen sein, als ich doch noch erschöpft eingeschlafen bin. Meinen Wecker hatte ich nicht gehört, erst das andauernde feste Klopfen an meiner Tür schreckte mich hoch. Vorsorglich war mein Koffer schon gepackt, eine Katzenwäsche musste heute ausreichen. Bertchen hatte den Frühstückstisch schon gedeckt, Hunger hatte ich keinen. Trotzdem kaute ich gehorsam an einem Stück frischen Brot herum, dick mit Butter und selbst gemachter Erdbeermarmelade bestrichen, und spülte mit einem heißen starken Kaffee nach, der meine Lebensgeister endgültig wieder weckte.
Zum Abschied zeigte mir Bertchen mit einer lieben Geste ihre Zuneigung und unterstrich ihre Gastfreundschaft. In einem Leinenbeutel hatte sie Reiseproviant mindestens für

zwei Personen gepackt. Abzulehnen kam mir nicht in den Sinn, es wäre eine unverzeihliche Beleidigung gewesen. Es war aber auch kein einfacher Leinenbeutel, wie man ihn in jedem Supermarkt erhält, vielmehr ein selbstgenähter und als Beweis für ihre Freundschaft hatte sie noch zusätzlich meinen Vornamen in vier verschiedenen Farben, für jeden Buchstaben eine, darauf gestickt.

Dann nur noch eine kurze Umarmung und schon saß ich auf Old Boys Beifahrersitz. Onkel Franz' Jeep war auch am letzten Abend nicht mehr bewegt worden. Mein Koffer lag schon auf der Ladefläche. Beim Umdrehen sah ich Bertchen noch ein letztes Mal, sie winkte mir mit ihrem bunten Halstuch nach. Bevor mir wieder die Tränen kamen, blickte ich schnell voraus, Richtung Fähre. Auf der kurzen Fahrt sprachen Onkel Franz und ich kein Wort, ich hätte es auch aus bekannten Gründen nicht verstanden. Keine Worte hätten auch meine Gefühle genau wiedergeben können. Auf der Fähre half er mir mein Gepäck, viel zu viel für eine Person, unter einer Bank zu verstauen.

Pünktlich legte das Schiff ab. Noch ein wehmütiger Blick zur Insel, auf die ich unvergessliche Tage verbracht hatte. Onkel Franz stand noch da und blickte mir nach, in einer Hand die kalte Pfeife, in der anderen seinen Lederhut, mit dem er mir nachwinkte. Insel und Onkel Franz verschwanden in meinen Tränen, denen ich jetzt einen hemmungslosen Lauf gestattete, es beobachtete mich ja auch niemand. Trotz der Fahrgeräusche, dem starken Wind, der zunehmenden Entfernung und meinem Tränenmeer, meinte ich Onkel Franz ganz deutlich zu hören: **„Tschüss, Frau Doktor!“**

Autoren-Portrait

Der Autor
Peter Jungwirth,
Jahrgang 1938, wurde in Aussig im Sudetengau, heutige CR, geboren.
Er kam als Flüchtling nach Oberbayern, wuchs in Starnberg am See auf, ging dort zur Schule und studierte im Anschluss an seine Schulzeit in München.

Als Diplomingenieur war er für namhafte Automobilunternehmen als Kundendienstingenieur, Betriebsleiter, Kundendienstleiter, Vertriebsdirektor und zuletzt als Geschäftsführer tätig. Vor seiner Pensionierung machte er sich als Unternehmensberater einen Namen.

Er ist in zweiter Ehe verheiratet, hat vier Kinder und freut sich über zwei Enkel. Die Städte München, Frankfurt, Hamburg und Dresden, in denen er gearbeitet und gelebt hat, bezeichnet der Autor als liebens- und lebenswert. Heute lebt er in einer Kleinstadt im Taunus.

Von Kindheit an war er aktiver Sportler, spielte Tischtennis und verschrieb sich als Leistungssportler der Leichtathletik und dem Handball. Später engagierte er sich als Schiedsrichter und Funktionär in Verbandsvorständen. Mit dem Eintritt in den Ruhestand erfüllte er sich einen Jugendtraum und wurde stolzer Besitzer mehrerer Hunde, Deutsche Boxer, mit denen er bis heute erfolgreich

Hundesport treibt. Der Autor ist auch noch im Ruhestand vielseitig interessiert, reist gerne, ist Liebhaber klassischer Musik, Opern- und Verdi Fan und liebt die internationale Küche.

Nach dem Berufsleben fand er neben seinen zahlreichen Engagements und Hobbys auch noch Zeit zu schreiben. Nach mehreren Kurzgeschichten folgte ein Buch mit erlebten Hundegeschichten „Geliebte Hexe Bruni", ISBN 978-3-85251815-2 und ein Roman, auch mit einem Hund als Mittelpunkt, „Der Graue von Masca", ISBN 978-3-8391-8573-5.
Veröffentlichungen in den Medien in jüngster Zeit über Misshandlungen, Missbrauch, Vergewaltigungen in Familien und kirchlichen Einrichtungen, vor allem der Umgang damit, haben den Autor sehr betroffen und erschüttert. Er musste einfach etwas dagegen tun. Er wollte nicht einfach „wegschauen", sondern mit einem Roman die Leser aufmerksam machen.
Eingebettet in einem Vorwort, in dem unzählige, unvorstellbare Verbrechen beispielhaft aufgezählt werden und einem Nachwort mit einem Appell an die Öffentlichkeit, schildert er in seinem Drama „Tunnel ohne Ende", ISBN 978-3-86440-138-1 Missbrauch der stille Schrei, das grauenhafte Schicksal seiner Romanfigur Tobias Stolle, der als Kind brutal misshandelt und missbraucht und später selbst vom Opfer zum Täter wird.

Sein neustes Werk ist ein amüsant zu lesender „Provinzkrimi", mit dem Titel „Die Spargelbaronin" ISBN 978-3-95493-078-4.
Ein Krimi mit einer kleinen Sammlung von Spargelrezepten.
Der nächste Roman ist als Manuskript fast fertiggestellt und wird in den nächsten Monaten in diesem Verlag erscheinen.

Herzlichen Dank …

… an Elke Link und Thomas für ihre wertvollen Hilfen.
Danke auch an Gaby Benz für das gelungene Cover, das die Geschichte „Tschüss, Frau Doktor“ optisch nicht besser darstellen kann!
Wer das Cover sieht, muss das Buch in die Hand nehmen; wer dann noch den Klappentext liest, dem bleibt nichts anderes übrig: Er muss sich einfach in das Vergnügen stürzen, diese und die anderen Geschichten, manches Mal nachdenklich und mit Mitgefühl und öfters mit Schmunzeln, bis zum letzten Punkt, ziemlich sicher nicht nur einmal, zu lesen.

Widmen möchte ich die Geschichten meiner lieben Uschi, die mich mit viel Verständnis, trotz ihrer eingeschränkten Gesundheit, oft stundenlang am Schreibtisch geduldig begleitet hat.